셀탁족을 위한 콕! 찍어보는 탁구비법 - 기초편

초판 1쇄 인쇄 2015년 8월01일
초판 1쇄 발행 2015년 8월06일
초판 2쇄 인쇄 2016년 8월01일

지은이 안국희
펴낸이 최현혜
표지그림 (주)아리수에듀 출판사업부, 김윤희
펴낸곳 (주)아리수에듀
출판신고 제2016-000019호

바로세움은 (주)아리수에듀의 출판 브랜드입니다.

주소 서울시 관악구 은천로 10길 25, B1(봉천동)
전화 02)878-4391
팩스 02)878-4392
홈페이지 www.arisuedu.co.kr

국립중앙도서관 출판예정도서목록(CIP)

(셀탁족을 위한) 콕! 찍어보는 탁구비법. 기초편 / 지은이:
안국희. ─ 서울 : 바로세움 : 아리수에듀, 2015
 p. ; cm

바로세움은 아리수에듀의 출판브랜드임
ISBN 978-89-93307-91-7 03690 : ₩19000

탁구[卓球]

695.6-KDC6
796.346-DDC23   CIP2015020695

이 도서의 국립중앙도서관 출판시도서목록(CIP)은 서지정보유통지원시스템
홈페이지(http://seoji.nl.go.kr)와 국가자료공동목록시스템(http://www.nl.go.kr/kolisnet)에서
이용하실 수 있습니다.(CIP제어번호: CIP2015020695)

셀탁족을 위한

콕! 찍어보는
탁구비법

기초편

저자 안국희

바로세움

　　예부터 아무리 입이 빨라도 탁구를 중계 할 수 있는 아나운서는 없다고
했다.

　　그만큼 빠르고 기술이 다양하기 때문이다. 구기 종목중에 공이 가장 작고 가
벼우며 회전이 제일 많고 빠른 것이 탁구이다.

　　따라서 그런 탁구를 글로 표현 하기란 여간 어렵고 까다로운 노릇이 아니라
서 그런지 그간 시중에 탁구에 관한 지도서나 기술서가 손꼽을 정도로 적어 늘
아쉬웠었다.

　　이번에 「셀탁족을 위한 콕! 찍어보는 탁구비법 - 기초편」의 필자는 직접 선
수생활을 하였고 현재는 현역 감독과 협회 임원을 맡고 있는 선생님이다.

　　곳곳에 사진과 예시를 넣어 본인의 경험과 교사로서의 지도본능과 여성으
로서의 섬세함을 함께 느낄 수 있어서 감수하는 동안 내내 흐뭇하고 즐거웠다.

　　학생들을 지도하는 교사들이나 직접 즐기는 생활체육인 뿐만 아니라 선수
들의 이론 정립에도 고루 도움이 될 것으로 믿는다.

　　밖에도 여름더위를 식혀주는 빗줄기가 시원하다.

2015, 7월말.

대한탁구협회부회장

국제탁구연맹이사 **박 도 천**

최근 학교교육을 보면 학생들에게 다양한 스포츠 활동을 통한 소통과 나눔의 활동으로 행복한 학교생활 조성에 힘쓰고 있습니다. 그러나 정작 교사는 자신의 주 전공만 지도하다 보니 지적 교육에 치중하게 되고 신체활동의 중요성에 대해서는 알고는 있으나 신체활동을 어떻게 이해하고 활용해야 하는지는 잘 알지 못합니다. 이에 우리는 탁구라는 종목을 통하여 신체활동이 주는 긍정적인 면을 인식하고 왜 학생들이 신체활동을 해야만 하는지를 이해해야 하며, 또한 교사 자신의 변화를 통하여 학교생활에 활기를 줄 수 있고 그것이 학생들에게 전달 되도록 힘써 나가야 합니다.

학교 밖에서는 치유를 의미하는 '힐링'이 각광을 받고 있는데 그 속에서 스포츠는 몸과 마음을 치유할 수 있는 감성충전의 중요한 활동이라고 할 수 있습니다. 따라서 이를 위한 교사의 역량 강화는 필수요소 입니다. 이에 탁구는 학교현장의 협소한 장소를 보완할 수 있는 장점을 가지고 있으며 누구나 손쉽게 할 수 있고, 조금만 기술을 배우면 학생들을 지도할 수 있어 학교 스포츠클럽 활동 종목으로 큰 인기를 받고 있습니다. 특히 여학생들의 체육참여율을 높일 수 있으며 이런 장점을 가진 탁구는 '힐링 스포츠'로서 손색이 없습니다.

이러한 교육환경에 부합하여 이번에 발간되는 책자 [셀탁족을 위한 콕! 찍어보는 탁구비법 - 기초편]은 그러한 필요성에 적합하고 체계적인 이론과 실기를 충족시킴은 물론 교사 스스로가 기본 역량을 강화해 갈 수 있으며 이로 인해 전반적인 탁구 인구의 저변 확대에 도움이 될 것입니다. 또한 이 책자를 통해 학교현장에서 학생들의 흥미 및 발달 단계에 따른 맞춤형 수업프로그램을 개발해 나감으로서 학생들의 신체활동과 감성을 치유하는 학습효과를 높이는데 많은 도움을 줄 수 있는 좋은 지침서가 될 것을 확신합니다.

감사합니다.

경기도 탁구교육 연구회 회장(부천여월중학교 교장) 김 선 환

여러분 안녕 하세요!

저는 일본 여자 탁구 국가 대표 팀 코치 겸 주니어 감독을 맡고 있는 한국인 오광헌 이라고 합니다.

이번 [셀탁족을 위한 콕! 찍어보는 탁구비법-기초편] 출판을 위해 노고가 많으셨던 모든 여러분들에게 먼저 진정 어린 마음으로 축하와 감사의 말씀을 전하고 싶습니다.

특히 저자 안국회 선생님 시작부터 마지막까지 계획과 실행 마무리까지 정말 수고 많으셨습니다.

이 교재 출판으로 인하여 탁구라는 스포츠가 좀 더 질이 높고 좋은 내용으로 남녀노소는 물론 모든 국민 여러분들과 항상 같이 하는 스포츠로 보다 한층 더 가까워 질 수 있는 기회가 됐으면 정말 좋겠습니다.

탁구는 연령과 관계없이 남녀노소 모든 분들이 다 같이 즐겁게 할 수 있는 건강 스포츠 중의 하나라고 할 수 있겠습니다.

특히, 반사 신경과 판단력이 필요한 운동으로서 뇌 운동과 모든 전신운동에 최고로 좋은 운동이라고 생각 합니다.

현재 일본은 탁구협회에 등록된 인원만 33만 명이고, 비등록 인원까지 포함하면 대략 1,000만 명이라고 할 정도로 최고의 스포츠로 자리 잡고 있고, 국민 전체에게 사랑받는 스포츠입니다.

또한 세계탁구연맹은 가입된 가맹국만 215개국으로 이는 스포츠 단체 등록된 국가수 2위에 육박하고 이는 전세계 215개국의 사랑을 받고 있다는 증거입니다.(1위 배구, 2위 탁구, 3위 축구)

이 자랑스럽고 멋과 품위가 있는 탁구를 통해 여러분들 생활에 활력이 넘치고 건강하고 즐거울 뿐 아니라 스트레스 해소에도 꼭 도움이 되기를 간절히 바랍니다.

끝으로 [셀탁족을 위한 콕! 찍어보는 탁구비법-기초편] 출판을 기초편, 고급편으로 나누어 발간할 계획 이라고 합니다.

① 모든 것에는 순리가 있듯이 건강하셔야 모든 것을 할 수 있고, 또한 행복할 수도 있습니다.

② 기초(초급)를 튼튼히 배워 두셔야 고급의 내용도 잘 소화 할 수 있다고 생각하오니 내용을 잘 읽어 보시고 실천으로 꼭 옮겨 주셨으면 감사 하겠습니다.

탁구가 여러분들의 가정과 개개인의 생활에 힘이 되는 활력소가 되기를 진심으로 기원합니다.

마지막으로 마무리 인사를 드리겠습니다.

안국희 선생님!

자랑스러운 대한민국 국민의 건강과 활력을 위해 쉽고 알찬 탁구교재를 출간하게 되심을 진심으로 축하 드리고 노고를 감사 드리며 더욱더 좋은 내용으로 발전시켜 주십시오!

탁구 최고!

일본 여자 탁구 국가대표팀

코치 겸 주니어 감독 오 광 헌

자신의 자의식의 표현과 타인과의 소통을 위한 탁구 계발서를 만들어보자!

작업 시작 전

나의 취미 및 지적욕구를 충족시키기 위해 다양한 자기 계발서를 만나게 되었고 지금도 끊임없이 자기 계발서를 읽으며 나 자신을 내가 원하는 삶으로 만들어 가고 있습니다. 여러 자기 계발서의 공통 테마는 '소통' 같다는 생각이 들었습니다.

탁구를 좋아하는 탁구인은 '탁구'를 통해 '소통' 합니다. 올바른 소통을 위해서는 '올바른 이해가 필요하다' 라는 생각과 함께 탁구를 취미로 하는 사람들의 '탁구 자기 계발서' 를 만들어 보기로 했습니다. 비록 기술적 내용이 담긴 책이지만 탁구를 좋아하는 사람이 이 책을 자신의 실력을 쌓기 위한 자기 계발서로 쓰고, 다른 사람과 함께 탁구로써 '소통' 하게 할 수 있다면 이 책의 목적을 달성하는 것이라고 생각합니다.

탁구 선수생활을 오랫동안 한 선수들도, 생활 탁구인도 탁구를 많이 알고 있는듯 하지만 이론이 정립되지 못하였으며 오랫동안 탁구를 친 동호인도 "이렇게 치면 잘 친다더라!", "이 기술이 맞더라", "어디에서 들은 이야기인데 탁구 용어는 이렇다" 하는 근거 없는 내용들이 난무하고 있습니다. 탁구 이론에 대한 정확한 정립을 하지 못한 채로 그냥 '그렇다더라' , '그런 것 같다' 라는 내용으로 탁구의 내용과 기술이 전달되고 있는 게 현실입니다. 그래서 이론 정립도 해보고 꼭 필요한 기초적 기술내용을 정리해보자는 생각으로 작업을 시작했습니다.

작업 시작

내가 알고 있다고 생각하는 기초적 기술 내용도 말로 표현하자니 어려웠고, 선수생활을 하며 사용했던 탁구 용어 중 잘못된 용어도 많이 있었으며, '제대로 알지 못한 채 여지껏 반복 운동만 했었구나' 라는 생각이 들며, 아직 내가 책을 만들어 내기에는 시기상조인 것 같다는 생각이 들었습니다. 박민규 작가의 '핑퐁' 이라는 소설을 만나게 되었습니다. 이 책의 내용 중 "자신의 라켓을 갖는 다는 것은 곧 자신의 의견을 갖게 된다는 것"(박민규,『핑퐁』, 창비(2006)) 이라는 구절을 읽고 머리가 밝아지는 것을 느꼈습니다.

'내가 단순히 반복 운동만 한건 아니었구나. 나만의 라켓을 가지고 난 나의 의견을 표현하고 있었구나' 라는 생각이 드는 순간 탁구가 다른 의미로 다가왔습니다.

사람들은 살아있는 자신을 원합니다.
나만의 라켓을 가지고 자신의 자의식으로 직접 선택하고 판단하여 공을 친다는 것은 자신만의 자의식이 들어간 행동입니다.
남편과 애들 뒷바라지 하는 주부들. 회사생활에 지쳐가는 직장인들 등 점점 자의식을 잃어 간다고 생각할 즈음에 자신만의 운동을 찾아 부담없이 간단히 시작한 탁구!! 그러나 이것이 자신의 의지를 라켓과 공에 실어 공을 원하는 곳으로 보내며 무의식적 자의식에 눈을 뜨게합니다. 공통된 관심사로 사람을 만나게 되고, 랠리를 통해 교감하며 빠져드는 매력을 느끼게 합니다. 탁구가 가진 매력의 본질은 '자신의 자의식의 표현과 타인과의 소통' 인것 같습니다.
자기 자신을 아무것도 아닌 존재라고 생각하나요?
삶이 긴장되나요?
타인과의 소통을 원하시나요?
그럼 라켓을 드세요!
자신의 자의식을 갖게 되는 순간 행복해 질 거에요.

P.S 책을 만드는데 조언을 아낌없이 나누어주시던 나의 지인들

  기술적인 면과 마음적으로 많은 도움을 주신 국회의 지인 분들께 감사의 인사를 드리고 싶습니다.
  능력도 아직 많이 부족함을 느끼고, 책을 만들며 많이 배워가며 작업을 했습니다.
  힘들어 할 때 곁에서 지지하며, 응원해주시는 지인 분들이 계셨기에 완성이 가능했습니다.

〈탁구 인연〉
  바쁜 일정에도 감수를 봐주셨던 이에리사 의원님.
  오랜 지도자 경력을 바탕으로 아낌없는 조언을 해주신 오광헌 선생님.
  해박한 탁구지식을 바탕으로 책의 처음부터 끝까지 꼼꼼히 감수를 봐주셨던 박도천 이사님.
  아침마다 좋은 글 보내주시며 지지해 주셨던 양영자 감독님.
  한국탁구 발전에 대해 고민하시고 탁구 책 출간에 대해 지지를 아끼지 않아 주셨던 대한탁구협회 총무이사 임용수 선생님, 중원고등학교 최전민 교감 선생님.
  기술적인 자문 및 사진촬영까지 흔쾌히 임해준 탁구 스타 유승민과 오상은 선수. 이은희선수.
  다년간 초등 코치 경력을 바탕으로 조언을 해주던 나의 친구 경아.
  용품관련 문의 및 질문에도 친절히 답해주시던 한울 최광희 선생님과, 버터플라이 보경이.
  기본기 교육이 탁구의 미래를 만든다고 보고 열심히 기술을 전수해 주시던 추교성 선생님.
  촬영때 예쁜 사진이 나올 수 있도록 옷을 지원해 주셨던 아디다스 홍성훈님.
  한국탁구 발전에 대해 비슷한 견해를 가지고 의견을 나누며 관심을 가져주시던 '월간탁구' 한인수, 안성호 기자님.
  촬영장 구하기가 어려워할 때 흔쾌히 장소를 제공해주셨던 서울시청 양현철감독님, 하태철 감독님.

촬영에 열심히 조력해준 양대근 선수와 김민호, 최문영 선수.
기술란 파트를 열심히 살펴봐준 이세돈 코치, 조용순 코치 선생님.
탁구관련 잘못 번역된 자료를 살펴봐 주신 김미지 선생님.

〈출판사〉
항상 넉넉한 웃음과 마음씀으로 편하게 작업하게 해주신 (주)아리수에듀 최현혜 사장님.
부족한 내용을 열심히 다듬어 가며 편집에 힘써주신 김규찬 편집자님.
책에 조미료를 더해준 나의 제자이자 디자이너 윤이~~.
꼼꼼한 촬영으로 좋은 사진자료를 만들어 주신 촬영기사님들.

〈가족〉
엄마의 꿈 그리기로 인해 시간을 항상 양보해 주는 나의 운명 시현이.
나의 행복을 위해 자신의 인생을 희생하며 뒷바라지 해주시는 나의 엄마.
'탁구는 기본기야' 를 외치며 '소풍 탁구장' 에서 행복 나눔을 하고 계시는 나의 아버지.
나의 형제이자 동반자인 박상범씨.
내 동생 해희와 동반자 서욱, 벌써부터 탁구라켓 잡은 조카 아현.
'가족' 이라는 그대들이 있기에 너무 행복하게 작업할 수 있었습니다.

초급편 작업을 마치고 나니 많은 아쉬움이 남았습니다.
그렇지만 한술에 배부를 수 없으니 한걸음 한걸음 가보고자 합니다.

'네 시작은 미약하였으나 그 끝은 창대하리라' 라는 말씀과 같이 한국탁구 발전에 조그마한 보탬이 되었으면 좋겠습니다.

모두모두 감사합니다.
나의 멘토 감사합니다.

(주)아리수에듀 출판사에서　안국희

목차

Part 04 선수들이 말하는 자신만의 그립법

part 01

01

운동의 필요성

> • 스포츠를 할 때는 무리하지 말고 즐겁게 참여하도록 한다.
> • 스포츠를 통해서 인생의 생활 방식을 알 수 있다.
> • 탁구는 생활 스포츠이므로 코트에서 얻은 지혜를 실생활에 활용하고, 실생활 경험과 지식을 탁구 코트로 옮겨볼 수 있다.

1. 건강과 체력의 관계

건강과 체력이 매우 밀접한 관계를 가지므로 종종 비슷한 의미로 쓰이고 있지만 엄밀히 말하면 이 두 가지의 의미는 차이가 있다. 체력은 일상생활이나 운동을 할 때 우리의 몸이 적극적으로 활동할 수 있는 능력이다. 체력은 빨리 뛰고, 무거운 물건을 드는 물리적인 힘 뿐만 아니라 정신적 스트레스에 대항하는 화학적인 힘, 그리고 질병에 대항할 수 있는 면역성과 같은 생리적인 힘 등의 요소가 종합된 것이다.[1] 반면 건강은 측정이 불가능하고 보다 복합적인 인체의 상태를 나타내는 것이라고 볼 수

---

1) SISAFOCUS, "배남은 교수의 웰빙 스포츠 따라해봐요", 2007. 12. 01

있다.

따라서 체력은 우리가 생활해 가는 데 필수적인 조건이다.

"올림픽 시즌이 되면 일주일에 한번씩 태능의 선수들이 모여 산악 마라톤을 합니다. 수많은 선수들 중에서도 탁구 선수들이 5위 안에 꼭 들어 갑니다." — 이철승 감독[2]

탁구는 좌우 2.74m 공간에서 분주하게 뛰어 다니며 공을 치고, 재빨리 제자리로 돌아와야 하기 때문에 하루에도 수천번 탁구대를 좌우로 뛰어야 한다. 그래서 지구력이 좋아야 하고, 순간 방향 전환을 잘 할 수 있는 순발력 또한 필요한 운동이다.

2. 유산소 운동과 무산소 운동

운동 중 산소를 사용하느냐 사용하지 않느냐에 따라 유산소 운동과 무산소 운동으로 구분된다.

유산소 운동 : 빨리 걷기, 조깅, 마라톤, 수영, 에어로빅, 댄스, 탁구 등 장시간 가능한 운동

무산소 운동 : 아령, 덤벨 운동, 단거리 달리기, 씨름, 점프, 팔굽혀 펴기 등 단시간 가능한 운동

[그림 1-1] 유산소, 무산소운동

---

2) 삼성생명 남자 탁구단 감독, 남자 탁구 대표팀 감독(2014)

3. 유산소 운동으로서 탁구가 우리 몸에 좋은 이유는?

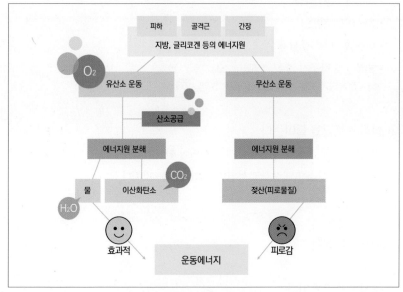

[그림 1-2] 에너지 대사 과정

1) 지방을 잘 연소시킨다.

지방은 신체에 필요한 것이지만 필요 이상이 되면 건강에 해가 된다. 지방의 연소에는 산소가 필요 하기 때문에 적절한 강도의 유산소 운동은 지방을 효율적으로 연소시킬 수 있다.

(1) 탁구의 체중감량 효과[3]

- 운동시작 10초 : 혈액과 근육 중에 녹아 있는 에너지 사용
- 20~30초 후 : 당분해(Glycolysis)과정으로 넘어감. 혈액에 있는 당을 분해하는 과정에서 포도당은 직접적인 에너지로 사용

---

3) Culture & lifestyle designer 맨즈헬스(2014년 2월호)

- 에어로빅 과정 : 탄수화물, 단백질, 지방 등을 에너지원으로 사용
- 20분간 : 탄수화물
- 20~40분 : 지방
- 40분 후 : 단백질 활용
- 30분정도 탁구칠 경우 : 165kcal 소모
  ex) 자전거 타기 30분 : 153kcal / 에어로빅 30분 : 156kcal

2) 심장의 부담을 줄여준다.

운동을 계속하면 혈액이 심장에 잘 순환되어 혈액 박출량이 증가 한다. 폐의 환기 능력이 좋아져 산소를 대량으로 섭취할 수 있게 되는 것이다.

4. 탁구의 매력

1) 공정한 스포츠이다.

탁구는 남녀노소를 막론하고 타고 난 신체규격의 차이나 문화, 인종, 환경에 구애 받지 않고 즐길 수 있는 가장 민주적이고 공정한 스포츠이다.

2) 경기의 흐름이 빨라서 지루하지 않다.

탁구는 체력이나 힘을 필요로 하는 '힘의 스포츠' 이기 보다는 '기술의 스포츠' 이다.

네트를 사이에 두고 불과 4~5m의 거리에서 마주 보고 경기를 하는 것이므로 한순간이라도 틈을 보여서는 안된다. 두 선수간 거리가 4m에 불과하므로 상대방선수에게 볼이 도착하는 순간은 불과 0.2초인 셈이다. 인간의 반응속도는 0.1초, 반응시간은 0.2초라고 한다. 탁구공의 최대속도는 250km이다. 이는 구기 종목중 배드민턴(셔틀콕) 332km, 골프공 310km, 탁구공250km으로 3번째 스피드를 자랑한다. 야구 배구보다 훨씬 빠르다.[4]

---

4) 스포츠 조선(2006년 7월 18일 기사), 『테마기획』 공의 속도』

동작에 필요한 시간을 계산해 보면 인간이 절대로 받아칠 수 없는 속도라는 결론이 나온다. 그럼에도 불구하고 반복연습을 통해서 예측불허의 볼을 잘 받아낸다. 기구가 점차 발달되어 감에 따라 볼의 속도 및 변화 또한 더욱 다양해지고 있다.

3) 볼의 컨트롤이 재미있다.

꾸준히 기술을 연마한다면 공을 원하는 곳으로 보내고 다룰 수 있다.

볼 컨트롤은 공을 다루는 능력을 의미한다. 공의 스피드나 방향을 마음대로 조절하고 보다 정확히 치는 능력이다. 공으로 하는 운동은 거짓말을 하지 않는다. 집중력을 갖고 정성을 쏟으면 쏟은 만큼 그만한 대가를 가져다 준다.

기초기술을 완벽하게 습득하고 볼의 성격과 특성을 파악한 가운데 볼 다루는 기본적인 방법과 요령을 터득한다면 안정적인 볼 컨트롤이 가능할 것이다. 볼 컨트롤이 가능해지면 탁구는 너무너무 재미있어진다. 기량도 향상되고 만족스러운 경기성과를 거둘 수 있다.

4) 상대방에 대한 배려의 중요성

연습과정에서 각 개인의 기량이 다르기 때문에 자신보다 실력이 부족한 사람과 연습할 때 상대방의 실력에 맞추어 볼을 넘기는 과정을 통해 상대방을 배려하는 태도를 기를 수 있다.

특히 복식은 자신이 친 볼이 파트너에게 리턴되어 오는 과정이 연결되어 있으므로 팀의 조화와 화합이 승패를 좌우한다. 그러므로 서로 배려하며 상대방을 존중하는 태도가 중요하다.

5) 사회적 책임감을 기를 수 있다.

네트를 사이에 둔 채 개인의 운동기능과 경기 운영 능력을 발휘하게 된다. 탁구는 자신이 매 순간마다 판단하여 공을 치고, 복식을 하면서 자신이 맡은 역할 수행에 책임을 다하려는 행동 속에서 책임감을 기를 수 있다.

6) 순간적인 민첩성 및 두뇌회전에 도움을 준다.

탁구는 0.23초라는 짧은 시간에 자신의 의사를 결정해야 하며, 상대방이 치는 공에 대응해야 한다. 탁구는 좌뇌와 우뇌를 골고루 발달시켜 주는 운동으로서 청소년기 좌뇌, 우뇌를 고르게 발달시킬 수 있다.

이성과 감성을 개발할 수 있어 탁구에 대한 관심도가 높아지고 있으며, 짧은 시간에 변화무쌍한 공에 대응해야 하므로 순간적인 민첩성과 판단력에 도움을 준다.

7) 체중조절에 효과적이다.

탁구는 스텝을 밟기 위해 이동하며, 공을 치기 위해 멈추고, 허리 및 팔을 휘둘러서 공을 치는 등 전신의 근육이 사용되는 운동이다.

"탁구, 배드민턴, 테니스 등 스윙이 있는 운동은 몸속 회전 근육 등을 사용하는데 이 회전 근육 등은 신체의 근육이 상호 연계되어서 움직인다. 이렇듯 탁구는 모든 근육이 연계되어 움직이는 스포츠이다."[5]

머리를 쓰는 동시에 온몸을 사용하는 탁구는 근력, 순발력, 민첩성 등을 발달시켜 주며, 빠른 공을 주시하고 판단하는 과정을 통해 집중력과 판단력을 기를 수 있고, 인체 각 기관이 함께 작용해 온몸이 건강해진다.

8) 노인의 치매예방에 효과적인 운동이다.

일본에서 발표한 한 연구[6]에 따르면 각종 스포츠 중 치매예방에 탁월한 운동은 탁구라고 한다. 탁구는 공의 방향과 회전 속도를 가늠하는 두뇌회전 운동이기 때문에 치매 예방에 도움을 준다고 한다. 무겁지 않은 장비, 적절한 운동 강도로써 근육 손상도 적고 시야가 넓어져 눈 건강에도 좋다고 한다.

9) 치유의 스포츠이다.

이병철 교수[7]는 "적절한 운동은 인생에서 행복과 재미를 찾을 수 있는 좋은 기회다. 나이가 들수록 많은 감정을 느낄 수 있게 활동하는 것이 좋다"라고 말했다. 서로 공유할 수 있는 감정을 통해 인생의 즐거움을 알아갈 수 있다.

탁구는 몸과 마음을 함께 치유하는데 참으로 걸맞는 운동이다.

---

5) 분당 바로새움 정형외과 병원 주치의 이인석
6) 2000년 제10회 일본 임상스포츠의학회(모리 테루아키/사토 토모히코 박사)
7) 한림대 한강성심병원 정신과 이병철 교수

part 02

02

탁구를 시작하기 전에
알아야 할 것들

1. 탁구 예절을 배워 봅니다.

1) 경기자가 지켜야 할 예절

- 경기 시작 전 뿐만 아니라 연습 전에도 경기공간(Playing Space)에 들어가서 심판, 상대방, 팀 동료에게 서로 인사를 하고 시작한다.
- 상대의 라켓 상태를 확인하는 과정에서 손으로 러버를 만지지 않도록 한다.
- 셔츠, 스커트 또는 짧은 바지를 입어야 하며, 주 색상은 셔츠의 소매나 옷깃을 제외하고 사용하는 공의 색깔과 뚜렷이 구별되어야 한다.
- 심판장의 허가 없이 긴 운동복 종류의 옷을 입을 수 없다.
- 볼을 넘겨 줄 때 상대방의 눈과 마주치면 상대가 받기 편하도록 공을 느리고 길게 탁구대에 바운드하여 보내도록 한다.
- 공이 바닥에 떨어지면 탁구대 중앙을 기준으로 자기 쪽의 공은 자기가 줍는다.
- 공이 네트를 맞고 들어 가거나 에지(Edge)로 득점하게 되면 미안함을 표시하도록 한다.
- 랠리 중 함성을 지르거나 랠리가 끝나도 만족할 만한 볼이 들어가지 않았다고 해서 라켓으로 탁구대를 치거나, 발로 지면을 두드리는 행동을 하지 않도록 한다.

[사진 2-1] 시합전 라켓 확인

- 껌을 씹으며 탁구를 친다거나, 주머니에 손을 넣고 탁구공을 치지 않도록 한다.
- 끝까지 최선을 다하며, 게임이 끝나면 서로 인사하고, 경기 결과에 깨끗이 승복한다.

2) 관중이 지켜야 할 예절

탁구 경기는 좁은 공간에서 가장 작은 공으로 다양한 기술을 겨루는, 섬세하고 예민한 경기이다. 경기 규정에 경기장 내의 채광에 관한 엄격한 제한을 두고 라켓이나 유니폼 등의 색깔을 규제하는 것도 바로 이 탁구 경기의 민감성 때문이다. 따라서 관중은 관전할 때 경기에 지장을 주지 않도록 몇가지 사항을 꼭 지켜야 한다.

— 탁구 경기장 내에서는 경기장 주위에 백색 물질을 사용하지 못하도록 하고 있다.

[사진 2-2] 관중이 지켜야 할 예절

이것은 경기자가 주위의 백색 배경 물질로 인하여 백색의 공을 판별하지 못하는 일이 없도록 하기 위함이다. 따라서 경기장 주변에 흰색 플래카드나 피켓 등을 설치하거나 사용해서는 안 된다.

— 경기 공간(Playing Space) 내에는 경기 운영상 허용된 인원 이외에는 절대로 들어 가서는 안 된다.

이것은 경기자의 정신 집중을 방해하지 않기 위해서 필요하다. 경기 도중에 박수나 심한 응원, 그리고 플래시를 이용한 사진 촬영은 경기에 지장을 줄 수 있으므로 절대 삼가해야 한다. 다만, 선수가 득점을 하거나 훌륭한 경기를 보여주었을 때 격려 및 환호의 박수나 응원을 하는 것은 무방하나, 랠리가 다시 시작되면 즉시 응원을 중단하고, 질서 있고 바른 관전 태도를 가져야 한다.

2. 탁구를 시작하기 전 알아야 할 것들

탁구가 오늘날과 같은 형태로 발전한 것은 셀룰로이드로 만든 볼을 사용하게 된 때 부터라 할 수 있다. 셀룰로이드 볼의 사용은 라켓 모양과 재질에 큰 영향을 주어 줄(Gut)을 사용하던 배틀도어 라켓이 나무 라켓으로 바뀌게 되었고 안전성을 높이고 회전시킬 수 있도록 가죽, 천, 코르크, 샌드페이퍼를 목판에 붙이는 등 용구의 개발과 기술 변화가 일어나기 시작하였다.

탁구 용품은 단순해 보이지만 기능과 특성, 플레이 스타일에 따라 그 종류가 다양하게 나누어 진다. 따라서 무조건 유명한 선수가 쓰고 있는 용품을 따라서 쓰는 것 보다 자신의 스타일에 맞는 용품을 선택하는 것이 중요하다고 할 수 있다.

예전에는 국제 선수들이 주로 펜홀더 라켓을 사용했지만 국제탁구연맹에서 펜홀더 사용은 동양에 유리하다는 결론을 내려 이에 셰이크핸드 라켓의 용구 개발에 주력하기 시작했고, 공의 지름과 무게를 늘려 셰이크핸드 라켓을 광범위하게 사용하게 만들었다고 한다. 탁구공의 크기는 38mm에서 40mm로 바뀌었고, 무게도 2.5g에서 2.7g으로 변했다. 약간 무거운 공에 대한 대응도 셰이크핸드가 훨씬 뛰어나기 때문에 최근 90% 이상의 선수들이 셰이크핸드 라켓을 사용하고 있다.

그럼 지금부터 탁구를 시작할 때, 자신이 쓰게 될 기본적인 경기영역과 공간, 탁구용품에 대해 알아보자.

1) 경기영역과 공간

(1) 경기장 (Playing Venue)

경기장 내라 함은 탁구경기 및 관련된 활동을 위해 사용되어지는 건물의 부분, 시설 그리고 공동구역을 의미한다.[8]

---

8) ITTF hand book 2014-2015 : 3.2.4.5

[사진 2-3] 경기장 (Playing Venue)

(2) 경기공간 (Playing Space)

경기공간은 길이 14m, 폭 7m, 높이 5m 이상의 직사각형이 되어야 한다. 그러나 네 곳의 코너는 길이 1.5m 이하의 서라운드(코너보드)로 채워질 수 있다. 휠체어 경기의 경우 경기공간을 줄일 수 있지만 길이 8m, 폭 6m보다 줄어선 안된다.[9]

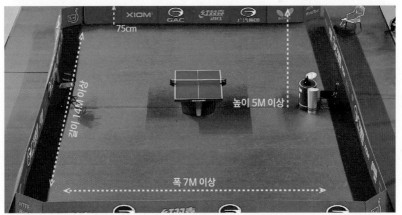

[사진 2-4] 경기공간(Playing Space) : 국제 경기장의 총 길이 14미터 이상, 폭 7미터 이상, 높이는 5미터 이상

9) ITTF hand book 2014-2015 : 3.2.3.1

(3) 조명(Light Intensity)

시합표면 높이에서 측정한 조명의 밝기는 세계 및 올림픽 선수권 대회의 경우 시합표면 전체에 걸쳐 균일하게 최소 1000룩스가 되어야 하며, 경기지역 다른 곳은 적어도 500룩스가 되어야 한다. 기타 대회의 밝기는 시합 표면 위는 최소 600룩스, 다른 곳은 최소 400룩스가 되어야 한다.[10]

[사진 2-5] 조명(Light Intensity) : 올림픽 등 세계대회의 경우는 1,000룩스 이상, 기타 경기는 600룩스 이상

---

10) ITTF hand book 2014-2015 : 3.2.3.4

ITTF Hand Book 2014-2015

2.1 테이블

2.1.1 테이블의 위쪽 표면(상판)은 길이 2.74m, 넓이 1.525m인 직사각형이어야 되고 수평으로 바닥에서 76cm 떨어져 있어야한다.

2.1.2 경기 테이블 수직면인 옆면은 포함하지 않는다.

2.1.3 테이블 표면은 어느 물질로 구성되어도 상관이 없으나 공이 30cm 위에서 떨어졌을 때 약 23cm 이상 튀어 올라야한다.

2.1.4 탁구 테이블의 표면은 균등하게 어두운 색 이어야 되고 광이 나지 않아야 한다. 단, 세로로 각 가장자리로부터 2.74m, 가로로 1.525m인 폭 2cm의 흰색라인이 있어야 된다.

2.1.5 탁구테이블은 끝의 라인에 평행한 세로의 네트로 균등하게 2개의 코트로 나누어 져야되고 각 코트에 끊김 없이 이어져야 된다.

2.1.6 각 코트가 사이드라인과 평행한 폭 3mm의 흰색 센터 라인에 의해 균등하게 2개로 나누어 져야 한다.

2.2 탁구 네트 어셈블리

2.2.1 네트 어셈블리는 네트, 지주대, 지주봉으로 구성되며 탁구대에 부착하는 죔쇠도 포함한다.

2.2.2 네트는 양쪽 끝에 부착하는 높이 15.25cm의 수직봉에 연결한 코드를 이용하여 설치하며, 수직봉의 외부 한계는 사이드라인으로 부터 15.25cm이어야 한다.

2.2.3 네트의 높이는 전체적으로 표면에서 부터 15.25cm 이어야한다.

2.2.4 네트의 밑바닥은 전체적으로 최대한 표면에 가까워야 하고, 네트의 양쪽 끝은 지주봉의 아래부터 위까지 붙어 있어야 한다.

2) 탁구용품의 종류 및 특성

(1) 탁구대(Table)

[사진 2-6] 탁구대 규격

탁구대의 상판 표면을 코트라고 하는데, 정식 명칭은 플레잉 서피스(Playing Surface)이다. 코트는 어떤 재료를 사용해도 되지만, 다만 30cm의 높이에서 탁구공을 떨어뜨렸을때 약 23cm 이상 다시 튀어 올라오는 소재를 사용해야 한다. 무광택으로 짙은 색이 균일하게 도포되어야 하고, 폭 2cm의 사이드라인과 엔드라인, 3mm의 센터라인이 흰색으로 그려져 있어야 한다. 네트, 지주대, 지주봉을 합쳐서 네트 어셈블리(Net Assembly)라고 하며, 지주봉의 높이는 코트로부터 15.25cm이다.

(2) 볼(Ball)

볼은 지름「40mm」의 둥근 것으로 무게는2.7g 이다.

셀룰로이드 혹은 이와 유사한 플라스틱을 재질로 하며, 색상은 무광택의 흰색 또는 오렌지색이어야 한다.

ITTF Hand Book 2014-2015

2.3 탁구공

2.3.1 탁구공은 지름 40mm의 구체여야 한다.

2.3.2 탁구공은 무게가 2.7g 이어야한다.

2.3.3 탁구공은 셀룰로이드나 이와 비슷한 플라스틱 물질로 만들어져야 되고, 흰색이나 주황 색이어야 되고 무광이어야 한다.

- 항공기로 이동시 국제민간항공기구(ICAO)에서 발화가능성이 있는 높은 위험 물로 분류하여 2004년 아테네 올림픽 때는 대회용 공이 항공편으로 운송되지 못하고 선편으로 운송되기도 했다. 따라서 국제올림픽위원회(IOC)는 국제탁 구연맹(ITTF)에 탁구공 재질을 바꾸라고 강력히 권고하였다.
- 셀룰로이드 공 : 117년 동안 탁구공 재질로 사용되었다.
  플라스틱공 : 2015년 부터 사용 (국내 기준)
- 공의 이음새 없는 폴리 탁구공(New seamless poly ball) 및 이음새 있는 폴리 공(With seam) 두 종류가 있다.

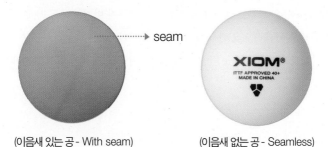

(이음새 있는 공 - With seam)　　　(이음새 없는 공 - Seamless)

[사진 2-7] With seam Ball, Seamless Ball

[사진 2-8] 볼의 변천사 및 종류

❶ 1969년 : 지름 38mm, 무게 2.5g 셀룰로이드 탁구공

❷ 2000년 : 지름 40mm, 무게 2.7g 셀룰로이드 탁구공

❸ 2015년 : 지름 40mm, 무게 2.74g 플라스틱 탁구공(초속이 빨라지고, 바운드가 높아지고, 회전이 덜 먹힌다.)

❹ 라지볼(Large Ball) : 지름 44mm, 2.2g, 오렌지색 (초보자와 노약자도 쉽게 배울 수 있고 많은 랠리가 가능해서 운동효과를 높이기 위해 일본 탁구협회에서 개발한 것)

사용러버는 핌플아웃러버만을 사용한다.

네트 높이도 다르다(17.25cm).

❺ 노이즈 공(Noise Ball) : 시각장애인용 공으로 움직일 때 나는 소리로 공의 움직임을 인지할 수 있도록 했다. 공속에 3개의 납 알이 들어있다.

일반 탁구 경기와 달리 네트는 탁구대에서 5cm 올려 설치하고 3개의 납 알이 든 시각장애인용 탁구공을 가지고 경기를 하며, 라켓은 고무가 벗겨진 나무 라켓이고, 경기할 때 공이 네트 아래쪽으로 해서 상대방에게 넘어가야 한다.

눈 위에 안대를 착용한 선수는 탁구공 튀는 소리만을 듣고 공을 쳐서 넘겨야 한다.

볼의 유통기한

탁구 경기시 탁구공은 ITTF(국제탁구연맹)에서 검사를 거쳐 공인된 공만을 사용해야 한다. 공인구에는 ITTF Approved 표시와 함께 3개의 별이 그려져 있다. 공은 흰색과 오렌지색 2가지가 있다.

- 탁구공 제조일자 : 연월일을 직접 표시하지 않고 알파벳으로 코드화하여 표시한다.
  (알파벳 코드화 : A=1, B=2, C=3 ..... H=8, I=9, X=0 변환)
  표기 : 생산월 + 생산년도
- 탁구공은 제조일로부터 통상 약 1년 정도가 지나면 내부기체가 외부로 빠져나가면서 찡구공으로 변하게 되므로 가능한 최신의 공을 사용하는 것이 좋다.
  XGAD → 0714(07월 14년) : 2014년 7월 생산

[사진 2-9] 볼의 생산년도 표기

(3) 라켓 (Racket)

펜홀더

주로 동양에서 많이 사용하고 연필을 잡듯이 그립(Grip)을 잡아 펜홀더라고 한다.
짧은 볼 처리, 섬세함, 속공 등이 유리하다.

러버 안붙인 순수 목판 Blade

러버 붙인 완제품 Racket

[사진 2-10] 펜홀더 라켓

셰이크핸드

과거에는 주로 서양에서 많이 사용했으며 악수하듯이 그립(Grip)을 잡는다고 해서 셰이크핸드(Shakehand)라 불리운다. 라켓의 앞·뒤 양면을 사용하고 그립을 잡기가 쉽고 파워도 강해 현대 탁구에서는 동·서양을 막론하고 가장 많이 쓰이고 있는 라켓 형태이다.

러버 안붙인 순수 목판 Blade   러버 붙인 완제품 Racket

[사진 2-11] 셰이크핸드 라켓

중국식 펜홀더

| 중국식 펜홀더 이면타법 | 중국이 최초로 사용한 것으로 펜홀더와 유사하게 그립을 잡으며 라켓 뒷면에도 러버를 붙여서 펜홀더의 드라이브와 셰이크핸드의 백핸드를 접목하여 다양한 기술구사가 가능하도록 한 타법이다.

이면타법의 대표적인 선수로는 마린, 왕하오, 쉬신(이상 중국) 등을 들 수 있고, 우리나라에는 이정삼, 김민호 선수가 있다. 이 타법의 단점은 연습이 충분하지 않으면 기술사용이 어렵다는 것이다. 손목의 각도변화가 많아 충분한 연습시간이 필요하므로 초보자들이 사용하기에는 다소 어려울 수 있다.

※ 이면이란 2개의 면이 아니라 표면의 반대 즉 뒷면을 말하는 것이다.

러버 안붙인 순수 목판 Blade   러버 붙인 완제품 Racket

[사진 2-12] 중국식 펜홀더 라켓

ITTF Hand Book 2014-2015

2.4 탁구라켓

2.4.1 탁구라켓의 크기, 모양, 무게는 상관없지만 블레이드는 평평해야 되고 단단해야 된다.

2.4.2 블레이드의 85%는 적어도 원목으로 구성되어야 한다. 블레이드의 접착 층은 탄소섬유, 유리섬유 혹은 압축용지로 강화할 수 있지만 전체두께의 7.5% 또는 0.35mm를 초과해서는 안된다.

2.4.3 볼을 치는 면은 접착제를 포함하여 2.0mm 이하의 돌기가 밖으로 향해 있는 핌플러버를 씌우거나 또는 돌기가 안으로 향한 것이든 밖으로 향한 것이든 접착제를 포함하여 4.0mm 이하의 샌드위치식 고무를 씌운다.

2.4.3.1 돌출 고무는 천연 또는 합성으로 조직이 성기지(뜨지) 않는 형태의 단층의 고무이며, 돌기가 표면에 고르게 분포된 것으로 밀도는 ㎝²(스퀘어 센티미터)당 10이상 30미만 이어야 한다.

2.4.3.2 샌드위치고무란 조직이 성긴 단일 층의 고무에 두께가 2mm 이내의 돌출 고무가 한쪽 면으로 덮여 있는 것을 말한다.

2.4.4 커버링은 판 전체를 덮되 판보다 커서는 안된다. 단, 손잡이 가까이 손가락으로 잡히는 부분은 아무것도 붙이지 않거나 혹은 어떤 재료를 붙여도 상관없다.

2.4.5 판, 판 내부의 모든 층, 커버링 층, 접착제 등은 모두 균일한 두께가 되도록 한다.

2.4.6 판의 커버링을 한 면, 혹은 커버링을 하지 않는 면은 무광의 밝은 적색으로 하고 다른 쪽은 검정색으로 한다.

2.4.7 탁구 라켓의 덮개는 물리적이나, 화학적 혹은 기타 가공을 하지 않고 사용해야 한다.

2.4.7.1 우발적인 손상이나 마모로 인해 라켓의 색상 혹은 표면에 약간의 변형이 생겼을 경우에는 표면의 특성에 심각한 변화를 가져오지 않는 이상 그 사용을 허용한다.

2.4.8 시합을 시작할 때나 시합 중 라켓을 바꿀 때는 언제나 심판과 상대방 선수에게 사용하려는 라켓을 보여주어 검사할 수 있게 한다.

※ 블레이드는 러버가 없는 순수 목판을 말하는 것이고, 라켓은 블레이드에 러버가 부착 된 상태를 말하는 것이다.

(4) 러버(Rubber)

라켓에 붙이는 고무를 말한다.

일반적으로 스펀지와 그 위에 붙인 톱시트(Top Sheet, 고무시트)로 구성되어 있다.
두께는 접착제를 포함하여 4mm를 초과할 수 없다.

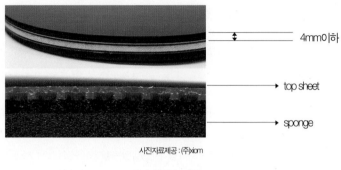

사진자료제공 : ㈜xiom

[사진 2-13] 러버

① 핌플 인 러버(Pimple in Rubber) - 평면 러버

돌기가 안으로 스펀지에 접해 있고 바깥은 평평한 것으로 2개의 층이 있어 샌드위
치 러버라고 하며 회전이나 스피드를 주기에 용이하여 일반적으로 가장 많이 사용되
는 러버이다.

사진자료제공 : ㈜xiom

[사진 2-14] 평면 러버(Pimple in Rubber)

② 핌플 아웃 러버(Pimple out Rubber) - 돌출 러버

돌기가 밖으로 나와 있는 것을 말하며, 평면러버보다는 회전에 영향을 덜 받아서

회전공을 받아칠 때 유리하지만, 자신이 회전을 걸기에는 어렵다.

1903년경 라켓에 돌출 러버를 붙인 스타일이 출현하였고 공격을 할 때 순간적으로 손목을 사용하여 전진회전과 후진회전, 그리고 좌우타법 등 다양한 기술을 구사하게 되면서 탁구의 기술수준을 한 단계 높이는 계기가 되었다. 현재까지도 다양한 돌출 러버가 만들어지고 있으며 사용되고 있다.

이 핌플아웃러버에 스펀지가 붙어 있지 않는 러버가 오소독스 러버(Orthodox Rubber)이다.

사진자료제공 : (주)xiom

[사진 2-15] 핌플아웃 러버(Pimple out Rubber)

③ 안티스핀 러버(Anti-Spin Rubber) - 무회전 고무

평면러버와 같이 생겼지만, 회전이 걸리지 않는 러버를 말한다.

마찰력을 극소화함으로써 공이 쉽게 미끄러지도록 만든 러버로 회전의 영향을 받지 않으며 회전을 걸 수도 없다.

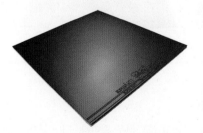 

[사진 2-16] 안티스핀 러버(Anti-Spin Rubber)

④하이텐션 러버(High Tension Rubber) - 고장력 고무

러버 제조회사들이 러버의 표면장력을 높이고 새로운 고무 재질과 스펀지를 조합하여 만들어 낸 것으로, 일반적인 평면러버 보다 공이 훨씬 잘 튀며, 회전력도 높일 수 있다.

사진자료제공 : (주)xiom

[사진 2-17] 하이텐션 러버(High Tension Rubber)

⑤오소독스 러버(Orthodox Rubber) - 홑겹고무

스펀지 없이 톱시트(Top Sheet, 고무층)의 돌기를 밖으로 나오게 만든 것을 말하며, 핌플샌드위치러버보다 공의 위력이 덜하며 회전이 걸리지 않는다. O/X러버라고도 불린다.

[사진 2-18] 오소독스 러버(Orthodox Rubber)

⑥롱핌플 러버(Long Pimple Rubber)

돌출러버와 비슷하지만 돌기가 길고 가늘고 부드러운 편이다. 러버 표면에 공이 미끄러져 회전의 영향을 받지 않고, 상대가 건 회전을 역 이용하여 변화를 주는데, 주

로 수비전형 선수들이 사용한다.

상대방의 회전에 영향을 덜 받는 장점이 있지만, 스피드를 낼 수 없는 단점도 있는
러버이다.

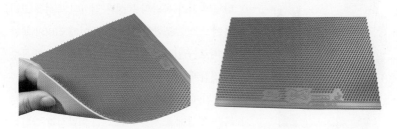

[사진 2-19] 롱핌플 러버(Long Pimple Rubber)

(5) 탁구화(Shoes)

탁구는 실내에서 하는 운동으로 전후, 좌우 이동이 많고, 갑자기 순간적으로 이동
해야 하는 경우가 많으므로 가급적 바닥에 미끄러짐을 줄이는 생고무가 첨가된 신발
이 부상의 위험을 줄일 수 있다.

사진자료제공 : (주)xiom

[사진 2-20] 탁구화(Shoes)

(6) 러버 접착제(Glue)

사진자료제공 : 한울스포츠, 다마스버터플라이코리아

[사진 2-21] 러버 접착제(Glue)

보통 러버와 목판이 접착되어서 나오는 완제품이 많이 나오나, 선수들이 요구하는 각자의 스타일에 따라 목판의 특성과 러버의 특성을 고려하여 스스로 조합하기도 한다. 이때 러버와 목판을 따로 구입하여 둘을 붙이는데, 탁구만의 특수한 접착제를 사용해야 한다.

예전에는 스피드를 좋게 해주는 스피드 글루라는 접착제를 사용하였으나, 휘발성과 발암물질로 판명되어 사용이 금지되었고, 지금은 오직 수성 글루만 쓸수 있게 국제탁구연맹에서 법안을 제정하였다. 이 법안을 계기로 스피드를 보완할 수 있는 하이텐션계의 러버가 탄생하게 되었다.

 고무풀(Glue) 붙이는 방법

 (라켓 표면에 전의 접착제 자국이 있는 경우는 완전히 제거 해 주세요) 먼저 수성고무풀을 러버에 따라 주세요. 양의 기준은 500원 동전정도로 너무 많이 따르지 않도록 주의 해 주세요.

 클립스폰지(별매)를 사용해서 균일하게 칠합니다. 다음에 라켓에도 500원 동전정도의 수성고무풀을 따른 후 클립스폰지를 사용해서 균일하게 칠합니다.

  러버와 라켓면의 고무풀이 투명하게 될 때까지 10분이상 건조합니다.

충분히 건조 된 라켓에 러버를 부착 후 손바닥 평평한 면으로
전면을 강하게 눌러서 부착하세요.

사진자료제공 : ㈜다마스버터플라이코리아

[사진 2-22] 고무풀 붙이는 방법

러버를 교환하는 시기는 언제인가요?

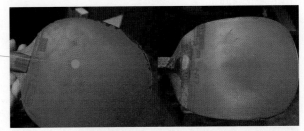

[사진 2-23] 러버 교환시기

러버는 볼을 치면 닳게 된다. 볼을 치지 않아도 장시간 공기에 접촉하고 있으면 러버 자체가 산화되고 성능이 저하된다. 일반적으로 러버는 1~2개월에 1회 정도 교환하는 것이 좋으나 사용이 많았을 때에는 수시로 교체하기도 한다. 오래 사용하게 되면 스피드가 줄고 컨트롤이 자유자재로 되지 않는다. 사용하고 나면 즉시 라켓 케이스에 보관하는 것이 좋다.

러버 교환시기 확인 법

1. 벌집모양처럼 구멍이 확대되어 보인다.
2. 러버로 손이나 머리카락을 쓸어내리며 마찰을 해보면 마찰이 적어 미끄러져 내린다.
   러버가 닳은 상태에서 볼을 치면 탄성이 떨어져서 공이 앞으로 잘 나가지 않는다.

3. 탁구에 적용되는 과학적 원리 이해하기

1) 공의 운동 성질

공의 구질은 라켓으로 공을 치는 순간 공에 주는 회전의 방향과 라켓의 각도에 따라 다양하게 변한다. 상대가 보낸 공의 구질을 순간적으로 판단하여 받아치기 위해서는 공에 대한 과학적 원리를 이해하고 접근해야 다양한 공의 변화 및 상황에 대처할 수 있다.

(1) 바운드(Bound)

공의 특성 중 가장 중요한 성질로 공이 튀기는 정도에 따라 다양한 방향과 높이의 볼이 나올 수 있다.

[사진 2-24] 바운드 규격

(2) 마찰력(Friction Force)

두 표면의 접촉면 상에서 운동을 방해하는 힘을 말한다. 러버의 재질이나 볼을 치는 선수의 힘 조절에 따라서 마찰력이 작을 수도 클 수도 있다.

ex) 드라이브를 걸 때 라켓과 볼의 마찰정도에 따라 회전이 클 수도 작을 수도 있다. (드라이브설명참조) '볼을 라켓에 묻힌다' 는 느낌으로 공을 치면 볼의 회전이 많아지고 볼이 라켓에서 미끌린다' 라는 느낌으로 타구하면 회전이 적게 걸린 볼이 된다.

⑶ 회전(Spin)

탁구는 상대가 친 공이 자기 코트에 들어와서 바운드 후 일어나는 변화와, 라켓에 그 공이 닿았을 때 반사각의 변화를 아는 것이 매우 중요하다. 회전에 대한 기초 지식을 익히며 연습해야 한다.

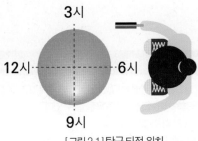

[그림 2-1] 탁구 타점 위치

① 전진 회전

라켓을 밑에서 위로 움직여 공의 뒷면을 마찰시켜 올려칠 때 공에서 생기는 회전으로 탁구에서는 주로 드라이브를 걸때 생기는 회전을 말한다.

전진회전으로 공을 치게 되면 상대 테이블로 넘어갈 때 회전을 주지 않았을 때보다 빨리 떨어지고, 떨어진 후 공이 더 높게 떠올라 빠른 속도로 뻗어 나간다.

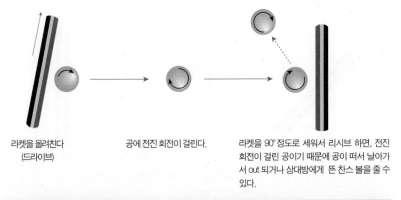

라켓을 올려친다
(드라이브)

공에 전진 회전이 걸린다.

라켓을 90°정도로 세워서 리시브 하면, 전진회전이 걸린 공이기 때문에 공이 떠서 날아가서 out 되거나 상대방에게 뜬 찬스 볼을 줄 수 있다.

[그림 2-2] 전진회전 걸기(옆에서본 모습)

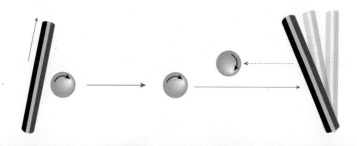

[그림 2-3] 전진 회전시 리시브의 라켓의 각도 (옆에서 본 모습)

라켓을 조금 앞쪽으로 눕혀서 받으면 전진 회전이 걸린 공이기 때문에 뜨지 않고 낮게 넘어간다.
따라서 상대방이 다시 한번 공격하기에 조금 버거운 공을 줄 수 있다.
라켓의 각도는 정확히 몇도 라고 말할 수 없다.
상대의 회전량에 따라 달리 줘야 한다.
회전량이 많을 경우 라켓을 눕혀주고, 회전량이 적을 경우 라켓을 세워준다.

②백스핀 (Back Spin)

라켓을 위에서 밑으로 움직여서 공의 밑 부분을 잘라 치듯 타구하면 생기는 회전
(커트, 촙) 백스핀[11]은 무회전 공에 비해 직선에 가깝게 날아 가다가 회전력이 떨어지
면 급격히 낙하한다.

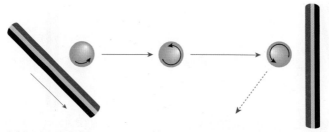

라켓을 내려 친다(커트)　　　　라켓을 90˚ 정도로 세워서 리시브 하면, 볼에 후진회전이
　　　　　　　　　　　　　　　걸려 있기 때문에 네트에 걸리고 만다.

---

11) Back Spin : 후퇴회전 · 하회전, Cut, Chop 이라고도 한다.

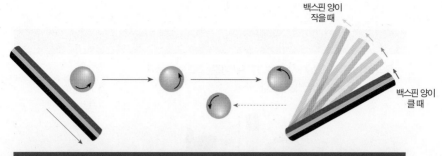

백스핀 양이
작을 때

백스핀 양이
클 때

[그림 2-4] 후진회전 걸기(옆에서본 모습)

라켓을 조금 뒤쪽으로 눕혀서 받으면 백스핀이 걸린 공이기 때문에 네트에 걸리지 않고 낮게 넘어간다.

회전이 살아서 넘어 가기 때문에 상대방의 다음 랠리에 공격을 할 때 부담을 줄 수 있다.

상대의 회전량에 따라 라켓면을 뒤로 눕힌 각도를 조절해야 한다.

회전량이 많을 경우 라켓면이 하늘을 보게 받고, 회전량이 적을 경우 그 정도에 따라 라켓을 세워서 받는다.

③ 좌 · 우회전

ⓐ 우회전(Right Spin)

라켓을 공의 6시 방향(그림 2-1 기준)을 타구하여 우회전을 만든다.

[사진 2-25] 우회전 걸기

[그림 2-5] 우회전 걸기(위에서 본 모습)

공의 9시 방향 (6시에서 9시 방향(그림 2-1 기준))으로
공의 옆면을 긁어 우회전을 만든다.

A선수

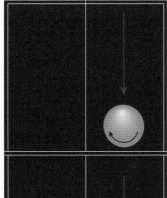

선수 A가 공의 9시 방향(그림 2-1 기준)을 쳐서,
우회전을 만든다.
공에 우회전이 걸려 있어서 라켓을 탁구대 엔드라인과
수평으로 해서 받으면 선수B 처럼 공이 오른쪽으로
튀어 아웃 되어 버린다.

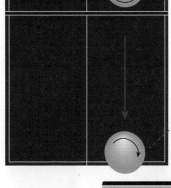

[사진 2-26] 잘못된 우회전 리시브

공에 우회전이 걸려 있어서
탁구대 엔드라인과 수평으로 라켓을
리시브하면 공이 리시버의 우측으로 나가
아웃 되어 버린다.

B선수

[그림 2-6] 우회전 리시브시 라켓 각도(위에서 본 모습)

A선수

우회전이 걸린 공의 리시버 선수B는, 라켓의 손잡이 부분을 앞으로 해서 받아야, 공이 우측으로 가려는 회전을 앞으로 갈 수 있게 할 수 있다.

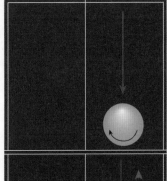

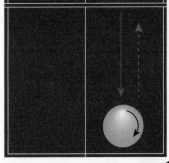

B선수

[사진 2-27] 올바른 우회전 리시브

공에 우회전이 걸려 있어서 라켓의 손잡이 쪽을 앞으로 해서 받아 주면 공이 안전하게 들어간다.

ⓑ 좌회전(Left Spin)

• 좌회전 걸기(옆에서 본 모습)

[사진 2-28] YG서비스

※YG : Young Generation(젊은세대들이 주로 구사하기 시작하여 Young Generation이란 뜻으로 YG라고 쓰이고 있다.)

[사진 2-29] 백핸드 서비스

YG서비스는 공의 4~2시 방향(그림 2-1 기준)을 긁는 거고, 백핸드 서비스는 공의 7~6시(그림 2-1 기준) 방향을 긁는 것이기 때문에 공이 두 서비스 모두 좌회전 스핀이 들어간다. 따라서 두 서비스를 리시브할 때 라켓의 각도는 비슷하다는 걸 알아 두어야 한다.

[그림 2-7] 좌회전 걸기(위에서 본 모습)

A선수

선수 A가 공의 좌회전을 만든다.
공에 좌회전이 걸려 있어서 라켓을 탁구대와
수평으로 해서 받으면 선수B 처럼 공이
왼쪽으로 튀어 아웃(out)되어 버린다.

[사진 2-30] 잘못된 좌회전 리시브

공에 좌회전이 걸려 있어서 일반적인 수평
으로 라켓을 리시브 하면 공이 리시버의
좌측으로 아웃(out)되어 버린다.

B선수

[그림 2-8] 좌회전 리시브시 라켓 각도(위에서 본 모습)

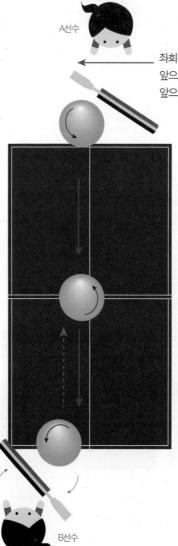

A선수

좌회전이 걸린 공의 리시버 선수B는, 라켓의 헤드부분을 앞으로 해서 받아야, 공이 좌측으로 가려는 회전을 앞으로 갈 수 있게 할 수 있다.

B선수

[사진 2-31] 올바른 좌회전 리시브

공에 좌회전이 걸려 있어서 라켓의 헤드 쪽을 앞으로 해서 백쪽으로 받아 주면 공이 앞으로 나간다.

2) 공 다루는 연습방법

볼을 튀기는 방법, 라켓면의 변화에 따라 볼이 날아가는 방법을 알아보고 볼을 치는 감각을 익혀본다.

1단계
라켓면을 평평하게 한 뒤 1m 높이로 공을 쳐 올려준다.
- 그립을 잘 잡고 제자리에서 튀길 수 있도록 해 본다.
- 30~50회 정도 실시한다.

[사진 2-32] 공다루기 연습 1단계

2단계
라켓면을 평평하게 한 뒤 높이를 조금 더 높게 올려본다.
- 1m~3m 높이까지 높낮이를 조절해 가면서 해 본다.
- 앞뒤로 움직여 가면서 해 본다.

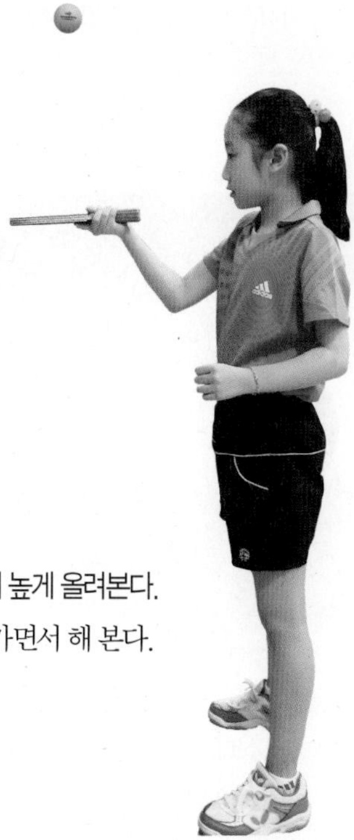

[사진 2-33] 공다루기 연습 2단계

3단계
라켓면의 각도를 바꿔가면서 공을 튀겨본다.

[사진 2-34] 공다루기 연습 3단계

[사진 2-35] 공다루기 연습 4단계

4단계 상대방과 함께 공을 튀겨본다.

　- 처음에는 간격을 좁혀서 하다가 숙달되면 점차 간격을 벌려본다.

5단계

공을 높이 튀겼다가 속도를 줄여서 받아본다.

- 라켓으로 공을 쳐서 올려놓은 뒤 내려오는 속도에 맞춰 라켓을 갖다 대어 속도를 줄여 본다.

6단계

25m 거리로 고깔을 세워두고 공을 튀기며 돌아오는 릴레이 게임을 해본다.

[사진 2-36] 공다루기 연습 5단계

[사진 2-37] 공다루기 연습 6단계

[사진 2-38] 공다루기 연습 7단계

7단계 평평한 벽에 원 바운드로 공을 튀겨 본다. 손에 가해지는 힘에
따라 볼이 튀는 정도나 속도가 변화 됨을 느낄 수 있다.
- 방 안의 벽 등 단단한 벽만 있으면 좁은 장소에서도 충분히
할 수 있다.

3) 스윙의 과학적 원리

스윙은 공이 없는 상태에서 이루어지는 몸동작으로 라켓을 휘두르는 동작이고, 타
구는 휘둘러서 생긴 에너지를 공에 전달하는 행위이다. 공을 치는 행위인 타구를 빼
면 남는 것은 스윙이다.

경기장에 가서 예비동작으로 빈 스윙을 하는 모습을 보고 있으면 '저 사람 탁구를
꽤 잘 치나봐!' 하다가 게임을 하는 모습을 보면 전혀 엉뚱하게 볼을 치고 있는 경우
를 우리는 종종 볼 수 있다. 스윙과 타구가 아직 일치가 되지 않았기 때문에 스윙과
실제 볼 치는 것이 다른 것이다.

(1) 회전운동인 스윙

줄넘기, 홀라후프를 하는 것도 회전체를 만드는 운동이다. 차이가 있다면 우리가 만드는 회전체는 한 방향으로 돌아가는 것이 아니라 백 스윙(Back Swing)과 폴로스루(Follow-Through)가 있는 왕복 양방운동을 한다는 것이다.

스윙이 그런 회전체를 만드는 과정이라면 타구는 그 회전체를 가지고 어떤 물체에 가하는 힘이다. (예를 들어 회전하는 줄넘기가 바닥에 깔려있는 돌멩이를 치는 정도, 자동차 바퀴가 지나가면서 돌이 튀어나가는 정도이다.) 여기서 살펴보아야 할 점은 탁구 스윙의 회전체가 안정되어 있다면 라켓으로 친 볼은 일정한 탄도[12]와 방향을 유지하면서 안정된 산포[13]를 이룬다는 것이다. 스윙은 그저 단순한 회전체를 만드는 것이지만 타구의 정확성을 높이기 위해서는 상당한 정도의 안정성이 요구된다.

그렇다면 안정성을 어떻게 높일것인가?

답은 하나다.

반복! 또 끊임없는 반복 연습 뿐이다. 지속적으로 반복하다 보면 자신의 몸에 최적화된 회전체가 만들어진다.

사람마다 몸이 다르기 때문에 다른 회전체가 만들어지지만 탁구 기본의 일관성만 지켜준다면 점차 아름다운 스윙으로 발전하고 볼을 칠 때 안전한 스윙으로 변화될 것이다. 반복의 양과 궤도의 안정성은 정비례한다. 스윙에는 어떤 요령도 기술도 필요 없다. 오랫동안 탁구를 쳐 온 사람들은 어디를 고정해라, 어디를 움직이지 마라 하고 요구한다. 그러나 한 번에 안된다고 낙담하지 말자. 고수들은 그만큼 수백만 번의 반복 연습을 통해 얻은 결과이다.

그 결과를 한 순간에 얻기란 쉽지 않을 것이다.

일정한 요령이 체득될 때까지 서두를 필요 없이 뭔가 동기부여가 될 만한 도전 과제를 주던가 성취했을 때의 보상을 준다면 더욱 좋아질 것이다.

---

12) 발사된 탄알이나 미사일이 목표에 이르기까지 그리는 선

13) 흩어져 퍼지거나 흩어 퍼트림

⑵ 스윙 연습 방법

중요 내용

- 자세를 정확하게 잡고 스윙의 궤적을 정확하게 하는 데 초점을 둔다.
- 자신의 몸에 익힐 때까지 무한반복 연습한다.
- 머릿속에 이미지화시켜서 실제로 '공이 온다' 라고 생각하고 스윙하면 더욱 효과 적이다.

스윙을 연습할 때는 줄넘기를 하는 심정으로 하면 된다. 연습의 과정도 결과와 같 아지도록 실제로 볼을 친다라고 머릿속에 이미지화시켜서 실제와 같은 마음으로 스 윙연습을 한다면 더욱 효과적이다.

너무 빨리, 많이 하는 것에 주력하지 말고, 동작 하나하나 자신의 스윙을 생각하면 서 구분하여 연습하다가 점차 숙달되면 연결동작으로 개수를 정하여 스윙하는 것이 좋다.

코스별로 나누어서 스윙해보고, 여러 동작을 연결하여 실제와 같은 상황을 만들어 스윙해 보는 것도 좋다.

스윙전용라켓 사용 : 무게가 더 나가는 라켓을 사용하면 스윙 속도와 순간적인 임팩트, 순간 적인 힘을 기를 수 있다.

스윙라켓 셰이크   스윙라켓 펜홀더
[사진 2-39] 스윙 라켓

모래주머니 사용
발목에 모래주머니를 차고 연습을 하기도 한다. 이 렇게 연습을 하면 실제상황을 이미지화시켜서 더욱 효과적인 운동을 할 수 있다.

[사진 2-40] 모래주머니

part 03

part 03

03

탁구 초급반
탁구의 기본 타법 및 기술 알아보기

1. 그립법(Grip)

라켓마다 각각의 그립법이 있으며, 그립의 형태마다 각각의 장점과 단점이 있다. 사람마다 손의 크기나 길이가 다르고, 근력에 따라 볼의 파워가 달라지며 기술 습득 과정과 탁구 스타일에 따라 조금씩 다르다. 똑같은 그립을 잡더라도 평소 볼을 치는 라켓의 각도가 약간씩 다르기 때문에 그립의 장·단점 또한 달라 진다.

탁구를 처음 시작할 때 그립을 잘 잡아야 하는데 그립이 중요한 이유는 그립에 따라 자신의 탁구 스타일이 정해질 수도 있고, 자신의 장·단점이 생길 수 있기 때문이다. 그러므로 라켓은 자기가 잡기 편한 방법으로 잡으면서도 기본에서 벗어나지 않도록 잡는 것이 중요하다.

기본적으로 탁구의 그립법은 펜을 잡듯이 라켓을 잡는 펜 홀더 그립과 악수하듯이 라켓을 잡는 셰이크핸드 그립으로 구분할 수 있다.

1) 셰이크핸드 그립법(Shakehand Grip)

셰이크핸드 그립은 악수하듯이 부드럽게 라켓을 잡는다. 라켓을 잡은 손은 적당히 힘을 주고, 검지는 가볍게 펴주며 나머지 손은 라켓을 감싸듯이 잡아주어 그립을 만든다.

검지와 엄지로 라켓의 양면을 받쳐 잡고, 라켓의 앞뒷면 모두 사용한다.

과거에는 유럽 선수들이 많이 사용했으나 현재는 셰이크핸드 백핸드 기술이 발달되면서 유럽뿐만 아니라 많은 나라 선수들이 셰이크핸드 그립을 사용하고 있다.

일반적으로 포핸드나 백핸드 모두 같은 그립으로 타구하지만 사용자에 따라 약간 다르게 그립하기도 한다.

셰이크핸드는 양면에 성질이 다른 러버를 부착하여 쓸 수 있어서 여러 가지 전술을 만들어낼 수 있다.

셰이크핸드 라켓은 손잡이 모양에 따라 플레어, 스트레이트, 아나토믹 등으로 나누어 진다.

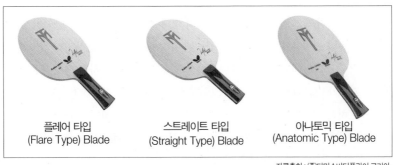

플레어 타입
(Flare Type) Blade

스트레이트 타입
(Straight Type) Blade

아나토믹 타입
(Anatomic Type) Blade

자료출처 : (주)다마스버터플라이 코리아

[사진 3-1] 셰이크핸드 그립별 라켓

(1) 그립 잡는 방법

과거에는 포핸드와 백핸드 모두 동일한 힘을 가할 수 있도록 그립을 잡았으나 손목 움직임에 제한이 있는 단점이 문제가 되곤 했다. 따라서 현재는 그립 변형 기법들이 다양하게 사용되고 있다. 서비스할 때 그립을 바꾸는 것을 기본처럼 인식하고 있는 것은 물론, 대부분의 선수들이 자신의 탁구 스타일에 따라 다양하게 그립을 변형하기도 한다. 다수의 선수들은 랠리 중에도 그립을 바꾼다.

Q & A 서비스시 라켓 손잡이에서 세 손가락을 보이지 않도록 잡는 까닭은 무엇인가요?

서비스 시 손목의 유연성을 더하기 위해서 입니다. 라켓 손잡이에서 세 손가락을 보이지 않도록 한 것은 스웨덴 선수들이 처음이라고 알려지고 있습니다.

[사진 3-2] 서비스시 그립

① 기본형

라켓을 잡을 때 악수하듯이 잡는 가장 기본적인 그립으로 선수들이 가장 많이 잡는 그립법이다. 랠리 상황에 따라 그립을 바꾸기도 한다. 얼마전 공식적으로 은퇴를 선언한 스웨덴의 '살아있는 전설' 얀오베 발트너는 이러한 그립 변화를 잘 사용하는 선수로 유명하다. 발트너는 공을 치는 순간 그립의 위치를 바꿔 스핀과 스피드의 변화를 줌으로써 상대 선수를 혼란스럽게 하는 플레이의 명수였다.

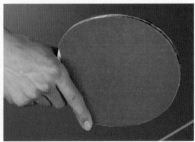

[사진 3-3] 기본형 그립

---

14) 얀오베 발드네르(Jan-Ove Waldner; 1965.10.3~) 스웨덴의 남자 탁구 선수. '발트너' 라 불리기도 한다.
　　1992년 바로셀로나 올림픽 남자단식 금메달. 1997년 맨체스터 세계 선수권대회 단식 우승 등 무려 30년 가까이 국제적인 선수로 활동.

장점 포핸드와 백핸드의 균형이 잘 맞고, 파워 및 안정감이 있다. 짧은 볼 플릭 기술 및 포핸드 플릭 시 적당한 안정감과 파워가 실린다.

단점 적당한 파워나 볼을 치기 위한 기본적인 밸런스는 맞지만 폭발적인 회전량과 파워를 내기에는 어려움이 따른다. 서비스 시에도 움직임 반경에 제한이 있다.

② 안쪽 그립

라켓 면을 약간 포핸드쪽으로 가깝게 해서 잡는 방법으로 강하고 안정적인 포핸드 탑스핀을 가능하게 한다. 스웨덴의 요르겐 페르손(Jörgen Persson; 1966.4.22~) 1991년 세계챔피언도 약간 안쪽 그립을 잡고 안정성있는 타구를 구사하기도 했다.

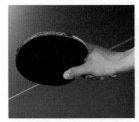

[사진 3-4] 안쪽 그립

장점 볼의 안정을 높일 수 있고 회전을 주고자 할 때 많은 회전량을 추구할 수 있는 그립 형태이다.

단점 회전량에 비해 강한 파워를 싣기에는 어려움이 있다. 특히 포핸드 플릭 시 강한 타구를 할 수 있는 각을 만들기(선수들은 라켓 각을 열어서 친다는 표현을 많이 쓴다)가 쉽지 않다. 라켓 면이 전체적으로 몸 안쪽을 향해 있기 때문에 높이가 낮고 역회전이 강하게 걸린(커트)볼이 왔을 때 포핸드로의 공격적 대응에 한계가 따른다.

[사진 3-5] 안쪽 그립 포핸드 드라이브

▶ **포핸드 드라이브** : 많은 회전량을 주어 상대 포어 코스 깊숙이 볼을 감아 보낼 수 있다.

[사진 3-6] 안쪽 그립 백핸드 드라이브

▶ **백핸드 드라이브** : 백핸드 드라이브 구사 시에는 라켓끝이 내려가야 하고 손목을 많이 써야 하는데 라켓을 안쪽으로 잡으면 자동적으로 라켓 끝이 많이 내려가고 손목을 쓸 수 있는 각도가 된다. 볼을 치기 전 라켓의 힘을 모아서 볼이 맞는 순간 임팩트를 강하게 해준다.

[사진 3-7] 안쪽 그립 백 플릭

▶ **백 플릭** : 플릭은 짧게 들어오는 공을 치는 공격적인 스트로크로서 그립을 안쪽으로 잡으면 리켓 각도
와 손목을 많이 내릴 수 있으므로 포핸드 플릭과는 반대로 안전하고 강한 백플릭을 구사할 수 있다.

③ 바깥쪽 그립

세이크핸드 선수가 백핸드 기술을 구사할 때 손목의 이용이 어려운 그립이다.

장점 바깥쪽으로 그립을 잡으면 포핸드 드라이브를 걸 때 코스를 다양하게 보낼 수 있고, 포핸드 플릭
시 리켓 각도가 열려있는 형태를 취하기 때문에 강한 볼처리를 할 수 있다.

단점 리켓 각이 바깥으로 열려있기 때문에 포핸드 깊숙이 감아올리는 드라이브 구사가 어렵다. 포핸
드 드라이브에서 백핸드 드라이브로 연결할 때 리켓 끝을 아래로 내리기가 쉽지 않아 강한 백
드라이브를 구사하기 어렵다. 같은 이유로 백 플릭을 구사할 때도 강한 스핀을 주기가 어렵다.
포핸드 드라이브 시 백 코스로 보내는 손목스냅은 자연스럽게 구사할 수 있으나 포핸드 코스로
보내는 것에는 한계가 있다.

엄지와 검지사이
공간 필요

[사진 3-8] 바깥쪽 그립

[사진 3-9] 바깥쪽 그립 포핸드 드라이브

▶ **포핸드 드라이브** : 많은 회전량을 줄 수 있으며 상대방의 백핸드 방향으로 감는 드라이브 구사시 깊숙한 코스로 보낼 수 있다.

④ 손을 빼서 잡는 그립

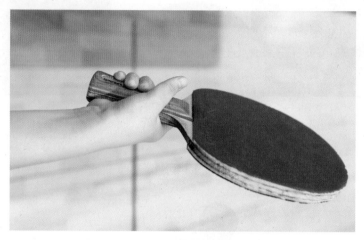

[사진 3-10] 손을 빼서 잡는 그립

장점 손잡이가 큰 라켓에서 주로 사용하며, 그립 핸들의 아랫부분을 잡는 그립이다. 라켓에서 손을
약간 빼서 잡는 특성상 손목을 많이 사용할 수 있기 때문에 강한 포핸드 드라이브와 백핸드 드
라이브를 구사할 수 있다. 포핸드 및 백핸드 플릭을 할 때 손목의 각도를 자유자재로 조정할 수
있으므로 코스선택도 쉽고 강한 타구를 보낼 수 있다. 또한 서비스변형 및 스핀을 주기 좋다.

단점 라켓이 손에서 빠져 있기 때문에 폴로 스루나 임팩트 때 라켓이 흔들리는 경우가 자주 발생한
다. 라켓이 흔들리면 볼의 정확성이 떨어질 수밖에 없다. 플릭 기술을 쓸때도 볼의 날카로움은
가지고 있지만 정확도를 보장하기 어렵다. 기술 연습 시 더 많은 집중력과 노력을 필요로 하는
그립이다.

(2) 셰이크핸드의 잘못된 그립

엄지손 : 엄지가 위로 올라가서 잡게 되면 포핸드 드라이브시 손에 힘이 들어가고, 백스윙할 때 손목이 내려갈 수 없다. 백스윙을 할 때 손목을 내리지 않는다면 힘 전달이 어렵고 백 스윙을 할 때 힘을 받쳐줄 수 없는 손의 구조 때문에 자동적으로 어깨에 힘을 주어 볼을 치게 된다. 잘못된 그립으로 인해 어깨 부상을 호소하는 탁구인이 있다.

[사진 3-11] 셰이크핸드 잘못된 그립

검지손 : 검지손의 위치가 잘못 되었을 때 포핸드 드라이브나 스트로크를 칠 때 라켓끝이 자동적으로 위를 향하게 된다. 이런 형태의 그립은 손목을 효율적으로 쓸 수가 없고, 드라이브 기술을 사용하기가 어렵다. 라켓을 제대로 잡기 힘들고, 자동적으로 라켓의 각도가 밖으로 빠져 있어서 폴로 스루 스윙자체도 바깥쪽으로 빠지는게 된다. 백 기술 사용시 손목 사용이 어렵다.

(3) 셰이크핸드 그립의 주의할 점

검지손가락이 라켓 중앙에 오지 않도록 주의한다.

엄지를 라켓의 중간에 두지 않도록 한다.

라켓을 너무 꽉 잡지 않도록 주의한다.

손목이 너무 아래로 처져서 잡지 않도록 한다.

2) 펜홀더 그립(Penholder Grip)

펜홀더 그립은 엄지와 검지로 펜을 쥐듯 라켓을 잡는다. 엄지와 검지 부분에 힘을 주지 않고 걸치듯이 잡는 것이 포인트이다. 손가락에 힘을 주면 손목에도 힘이 들어가 동작이 뻣뻣해 지기 때문에 펜홀더 쇼트시 연결동작이 어렵게 된다.

라켓을 어느 방향으로든 움직이기 쉽고 신속하게 움직일 수 있도록 너무 세게 잡지 않는 것이 좋다. 뒷면에 러버를 붙인 이면 타법도 있다.

이 그립은 동양인과 공격적인 플레이를 하는 선수들이 주로 사용했었으며, 요즘은 사용하는 사람들이 감소되는 추세이다.

펜홀더형 라켓은 판의 모양에 따라 각형, 각완형, 완형, 반전형 등이 있다.

각형 Type Blade

각완형 Type Blade

완형 Type Blade

반전형 Type Blade

[사진 3-12] 펜홀더 그립별 라켓의 유형

(1) 펜홀더 그립 잡는법

장점 연습이 충분히 이루어져 있다면 신속한 움직임이 가능하다. 각도의 변화가 셰이크보다 다양하다. 손목의 이용이 셰이크보다 다양해서 변화구를 많이 만들 수 있다. 몸쪽으로 오는 볼을 치기가 셰이크보다 용이하다.

단점 포핸드에서 백핸드로의 전환이 셰이크에 비해 느리다. 백코스로 오는 볼을 칠 때 볼의 강도가 셰이크에 비해 약하다.

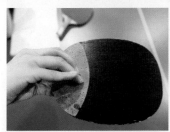

쇼트 타법형
라켓 후면의 세 손가락이 둥글게 되어 있다. 힘을 주어 꽉 잡지 않도록 하고 부드럽게 잡으며, 손목의 움직임이 자유롭게 잡는다. 펜홀더 그립의 라켓은 칼이나 사포를 이용하여 자신의 손에 맞도록 깎아주어야 한다.

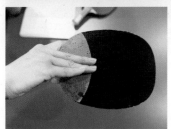

롱 타법형
라켓 후면의 세 손가락을 길게 펴서 안정성을 높인다

[사진 3-13] 펜홀더 쇼트, 롱 타법형 그립

(2) 펜홀더 그립의 주의할 점

손가락이 너무 깊게 들어가서 잡지 않도록 주의해야 한다. 손가락이 깊이 들어가게 잡으면 손목의 움직임이 잘 이루어지지 않는다. 개인마다 손 크기 및 두께에서 차이가 나기 때문에 라켓 손잡이 부분은 약간 정리해서 쓰도록 한다.

(3) 펜홀더의 잘못된 그립

라켓을 잡으면 익숙해지기 전까지 손에 어느정도는 통증을 느낄 수 있지만, 시간이 지나도 라켓 잡은 손에 통증을 많이 느끼게 되면 그 부분에 대한 잡는 자세가 잘못되었기 때문이다.

①번사진은 손목의 사용이 어렵다. ②번 사진은 포핸드 - 백핸드 전환이 어렵다. 포핸드시 안정감 있게 칠 수는 있지만 다양한 기술을 사용하기에는 어렵다.

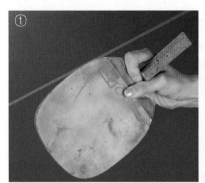 

[사진 3-14] 펜홀더의 잘못된 그립

2. 탁구의 기본 타법

1) 스트로크(Stroke)

어떤 도구를 사용하여 공을 쳐내는 형태의 운동들은 공통된 특징이 있다.

공과 도구가 충돌하는 순간(Impact)의 일련동작이 연속동작에 의해 어떤 기술이 이루어진다는 것이다.

임팩트가 효과적으로 이루어지도록 하기 위해서는 그 순간의 힘이 정확하게 전달되어야 한다. 원하는 구질을 만들어낼 수 있도록 도구의 각도 변화를 통해서 다양한 기술들을 만들어 낼 수 있다. 많은 선수들이 각도 변화를 통해 다양한 기술을 만들어 내고 있으며 요즘 떠오르는 신예선수로는 일본의 이토 미마(伊藤 美誠) 선수가 있다.

탁구의 스트로크는 여러 가지 방법으로 나뉘어 진다.

각각의 기술마다 효과적으로 볼을 치기 위한 자세 및 힘의 전달이 다르므로 기술별로 필요한 조건을 익혀야 한다.

초보자의 잘못된 습관은 실력향상을 더디게 하므로 하나하나 정확히 기술의 명칭 및 특징을 알아보고 연습할 수 있도록 해야 한다.

스트로크를 잘하기 위한 조건

1. 그립은 가볍게 잡아야 한다.
2. 어깨에 힘이 들어가지 않도록 해야한다.
3. 팔꿈치는 정확하게 고정되어야 한다. (각각 기술의 특징에 따라)
4. 임팩트 순간 손목 스냅을 과도하게 쓰지 않도록 한다. (드라이브 및 커트는 기술이 향상됨에 따라 손목 스냅을 쓰기도 하나 임팩트 순간에는 고정되는 것이 좋다.)
5. 임팩트 후 라켓끝이 흔들리지 않도록 한다.
6. 임팩트 후 충분한 폴로 스루가 되도록 하고 다음 준비자세를 적절히 취하도록 해야한다.

2) 스트로크의 종류

(1) 플랫 스트로크(Flat Stroke)

라켓과 볼이 처음 접촉하는 임팩트(Impact)시 라켓 각도가 거의 90°에 가깝게 세워져 있고 선수가 임의적으로 회전을 가하지 않은 일반적인 타구를 말한다.

이 타법은 안정된 면으로 파워를 최대한 적용하기 유리하다.

(2) 스핀 스트로크(Spin Stroke)

라켓의 각을 만들어 볼의 밑 부분 또는 윗 부분에 힘을 주어 공에 변화를 줄 수 있는 타법이다.

이 타법의 장점은 포물선 운동과 볼의 변화를 유발해서 다양한 구질을 만들어 낼 수 있다는 점이다.

기초기능이 숙달되지 않은 상태에서는 안정성이 떨어지므로 기초기능 숙달 후 시도하는 것이 좋다.

(3) 드롭 또는 스톱 스트로크(Drop or Stop Stroke)

라켓각도와 힘을 조절하여 네트 앞에 짧게 떨어뜨리는 타법으로 드롭 또는 스톱이라고 불리운다.

상대가 보낸 공의 힘을 이용하여 짧게 놓으며 방향 조절을 하기도 하고 의도적으로 랠리 중 공을 짧게 보내기도 한다.

라켓 핸드의 백스윙 없이 라켓 각도와 힘을 조절하여 공을 쳐서 공의속도와 방향을 조절한다.

숙련자는 페이크 모션을 이용해서 공을 세게 치는 것 처럼 스윙을 크게 했다가 약하게 치기도 하고 길게 보내는 것처럼 모션을 했다가 짧게 떨어뜨리기도 한다.

3) 쇼트(Short)

백에서 이루어지는 기술이다.

상대의 플랫 타구나 드라이브와 같이 긴 타구가 바운드 되어 올라오는 볼을 이용하여 각도를 맞추어 갖다 댄다는 느낌으로 가볍게 밀어주는 타법이다.

4) 블로킹(Blocking)

포핸드 코스 · 백핸드쪽 코스 모두 적용된다.

드라이브나 스매시 같은 강한 타구에 대응하는 타법이다. 볼이 탁구대로 부터 튀어 오르는 순간 볼에 따라 라켓의 각도를 맞추어 라켓핸드에 힘을 빼고 대기만 하는 수비적인 타법이다.

5) 스매시(Smash)

볼이 네트 보다 높게 바운드되거나 천천히 올 때 볼에 몸 전체의 체중을 실어 타구하는 공격적인 타법이다. 이 경우 기준은 자신의 눈 높이 이상으로 볼이 높이 바운드 됐을경우 스매시한다. 포핸드 스매시 · 백핸드 스매시가 있다.

6) 푸시(Push)

백코스에서 이루어지는 백핸드 스트로크 기술 중 하나이다.

바운드되어 올라오는 볼에 라켓 각도를 맞추고 위에서 아래로 누르듯이 빠르게 밀어주는 적극적인 타법이다.

주의해야 할 점은 손목과 팔꿈치를 이용하여 볼에 따라 힘을 조절하여 볼을 쳐야한다.

7) 로빙(Lobbing)

랠리 중 타이밍을 놓쳤거나 자세가 불안 할 경우 일단 높게 볼을 띄워 준비자세로 가는 여유를 갖기 위해 쓰게 되는 기술로서 수비적인 타법으로 플랫 로브(Flat Lob), 좌우 회전을 섞어 높게 타구하는 드라이브성 로브(Lob the Drive)등 다양하게 기술을 사용할 수 있다.

공을 길게 보내는 것이 좋으며 볼을 끝까지 보고 공을 치는 것이 좋다.

8) 드라이브(Drive)

볼에 전진회전을 주는 타법으로 임팩트되는 순간 마찰각도 및 속도에 따라 볼의 이동 궤적이 달라진다.

(1) 종류
- 일반 드라이브 : 볼에 전진회전을 주는 드라이브
- 루프 드라이브 : 공의 속도를 늦추고 회전량을 많게 하는 드라이브

▶ 임팩트시 라켓과 공을 빗겨 맞추듯이 올려치는 드라이브로 볼이 비교적 높게 이동하여 바운드 된다.

빠르게 위로 솟아오르게 해서 상대가 타이밍을 맞추기 어렵도록 한다.

• 커브 드라이브 : 타구점을 약간 늦춰서 바깥쪽에서 안으로 감아치는 드라이브

• 슈트 드라이브 : 일반 드라이브보다 타구점을 빨리 한다. 라켓면이 바깥을 향하고 공의 안쪽을 감아치는 드라이브

9) 커트(Cut)

볼에 하회전(下回轉)을 가해서 바운드 된 후 상향 전진하다가 가라앉게 하는 타구를 말한다. 롱 커트, 숏 커트 등이 있다.

3. 기본자세(Basic Position)

기본자세는 모든 스트로크를 쉽게 구사할 수 있도록 해주는 가장 기초적인 자세이다. 탁구는 볼을 치기 위해 이동한 후 다음 볼을 치기 위해 재빨리 준비자세로 돌아와야 다음 볼에 대한 대비를 잘 할 수 있다.

보통 두 발을 어깨 넓이 보다 약간 넓게 벌리고, 무릎을 굽혀 균형을 잘 잡을 수 있도록 하고, 무게 중심이 발 앞 쪽으로 쏠리게 해서 다음 움직임과 준비가 신속하게 되도록 한다. 경기 스타일에 따라 여러가지 변형된 준비동작이 나올 수 있다.

1) 포핸드 공격 스타일

포핸드 공격을 많이 하는 선수들은 왼발이 오른발보다 약간 앞에 위치하게 하고 움직임을 많이 해서 대부분의 공을 포핸드로 공격하고자 하는 스타일이다.

[사진 3-15] 포핸드 공격 스타일 기본자세

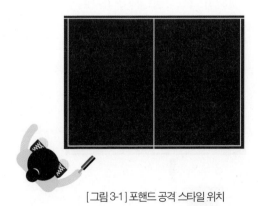

[그림 3-1] 포핸드 공격 스타일 위치

2) 포핸드와 백핸드 공격 스타일

포핸드와 백핸드를 상황에 따라 적절하게 구사하며, 테이블의 백코스와 중앙사이 정도에서 준비자세를 취한다.

[사진 3-16] 포핸드 백핸드 공격 스타일 기본자세

[그림 3-2] 포핸드 백핸드 공격 스타일 위치

3) 수비스타일

테이블에서 약 1m 50cm 떨어져 준비자세를 취하며, 탁구대의 중앙에 가깝게 위치시키도록 한다. 이 때 오른발이 왼발보다 약간 앞으로 위치하도록 한다.

[사진 3-17] 수비 스타일 기본 자세

[그림 3-3] 수비 스타일 위치

발을 많이 움직여서 기본자세를 유지해야 하지만 예상과 벗어나거나 빠르게 오는 공은 볼의 변화에 맞게 자세에 변형을 주어 공을 치기도 합니다. *A*

공의 변화나 낙하지점에 따라 자유자재로 움직이기 위해서는 많은 연습이 필요합니다.

4. 포핸드 스트로크(Forehand Stroke)

탁구에서 포핸드란 잘 사용하는 손(라켓을 잡은)을 의미한다. 포핸드 스트로크는 포사이드로 들어온 공을 치는 타법으로 라켓을 쥔 손의 방향에서 전면으로 타구하는 기술을 말한다. 처음 탁구를 접할 때 배우게 되는 기술이며 실력이 향상되어도 기본적으로 가장 많이 이용되고 있는 기술이다. 볼을 빠르게 치는 것보다는 원하는 코스로 안정되게 볼을 넘길 수 있도록 정확성을 높일 수 있는 연습이 필요하다.

1) 포핸드 스트로크 기본자세 〈초급〉

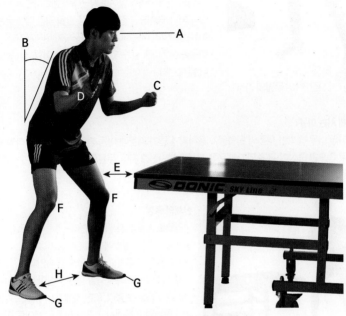

[사진 3-18] 포핸드 스트로크 기본자세

Ⓐ 눈은 똑바로 볼을 따라 다닌다.

Ⓑ 상반신을 약간 앞으로 숙인다. 단, 등이 새우처럼 휘어져서는 안된다.

Ⓒ 왼손은 주먹을 가볍게 쥐고 라켓을 잡은 손은 가슴높이 정도로 올려준다.

Ⓓ 손목은 힘을 빼고 편안하게 한다.

Ⓔ 자세를 잡는 위치는 코트 끝에서 약 1m 정도 떨어진다.

Ⓕ 양쪽 무릎은 가볍게 구부려 움직임의 유연성을 갖게 한다.

Ⓖ 체중은 발 앞쪽으로 싣는다.

Ⓗ 발의 넓이는 어깨 넓이보다 약간 넓게 한다. 어깨, 팔꿈치, 무릎 등에 들어간 힘을 빼고 볼을 기다린다. 라켓은 가슴높이로 잡고, 아무리 편안한 상태라도 무릎이 펴져 있거나 라켓의 위치가 내려가서는 안된다.

탁구대와의 거리
• 코트의 끝(엔드 라인)에서 약 70㎝ ~ 1m 정도 떨어져서 위치한다.

두 발의 간격

- 두 발의 간격은 어깨 넓이로 탁구대의 엔드라인과 평행이 되게 서되, 블레이드를 잡지 않는 쪽 발을 약간 앞에 두는데 그 이유는 재빨리 이동하여 볼을 타구하기 위해서이다.
- 이동을 신속하게 할 수 있도록 스탠스는 어깨너비 보다 조금 더 넓게 선다.

[사진 3-19] 두발의 간격

이렇게 서는 이유

- 다리를 너무 벌리면 무릎의 탄력을 이용하기 힘들기 때문에 이동 범위가 좁아진다. 다리 간격이 너무 좁으면 중심이 위에 있기 때문에 자세가 불안전해 지며, 무릎의 탄력을 사용할 수 없어 이동 범위가 좁아진다.

신체의 중심

- 앞으로 기울인 자세를 취한다.
- 체중의 3/4이 앞발에 오게 한다.
- 무릎은 약간 굽히고, 상체도 약간 숙인다.
- 자세를 앞으로 너무 숙일 경우 중심이 불안해 지고 허리를 이용할 수 없다. 또한 자세가 너무 뒤로 기울어지면 움직임이 둔해지고 중심 이동도 제대로 이루어지지 않는다.

[사진 3-20] 신체의 중심

라켓의 위치

- 팔꿈치를 구부리고 몸 중앙에서 약간 오른쪽 가슴 위치로 오도록 하며, 탁구대 보다 위에 있어야 한다.
- 포핸드와 백핸드의 전환을 생각해서 포핸드 측면이 살짝 자신을 향하도록 잡고 라켓 끝이 상대방 쪽을 향하게 한다.

프리핸드의 위치(Free hand)

: 라켓을 쥐지 않은 손

- 프리핸드의 팔꿈치도 90°정도 구부려서 적당한 위치로 올려주고 주먹은 가볍게 쥐도록 한다.
- 프리핸드도 몸의 균형을 잡기 위해 위치를 잘 잡아주고 이 때 힘이 들어가지 않도록 주의한다.

[사진 3-21] 프리핸드의 위치

2) 포핸드 스트로크법 〈초급〉

- 앞에서 배운 기본자세에서 시작한다.
- 눈은 공을 주시하듯 앞을 바라보도록 한다.
- 라켓을 가볍게 쥐고 손목에 힘을 뺀다.

[사진 3-22] 포핸드 스트로크 팔꿈치 자세

❶ 팔꿈치가 바깥방향으로 들리지 않도록 주의한다. 백스윙을 너무 크게 하면 팔만 사용한 스윙이 되므로 몸의 균형이 깨지고 실제로 볼을 칠 때 실수를 유발할 수 있다. 기본적으로 무릎·허리·팔꿈치가 전체적으로 조화를 이루도록 스윙하고 특히 어깨나 손이 아닌 팔꿈치 중심으로 스윙해야 한다.

[사진 3-23] 포핸드 스트로크 백스윙

❷ 기본자세에서 오른쪽으로 허리를 약간 틀어준다.(중심이동을 오른발에 살짝하는 느낌으로 틀어준다.) 팔꿈치의 각도를 유지한 채 허리를 중심으로 상반신을 가볍게 비틀듯이 하여 손의 움직임이 따라가도록 한다.

백스윙을 할 때에는 팔이 아닌 허리의 회전을 이용한다. 양 팔꿈치의 각도는 모든 단계에서 동일하다. 양발에 균등하게 체중을 배분하다가 백스윙의 경우 오른발에, 폴로 스루의 경우는 왼발에 체중을 이동시킨다.

[사진 3-24] 포핸드 스트로크 임팩트

❸ 팔꿈치를 직각에 가깝게 구부려 허리에 붙이고 이 때 주먹 하나가 들어갈 정도의 공간을 만들어준다. 중심은 오른쪽 다리에 싣는다. 팔꿈치가 밖으로 빠지면 라켓 각도가 필요이상으로 숙여져서 볼을 컨트롤 하기가 어려워 지므로 팔꿈치 각도에 주의해서 안정된 타구가 가능하도록 한다.

앞을 향해 사선으로 자연스럽게 라켓을 보내며, 허리를 왼쪽과 테이블 앞쪽으로 틀어준다. 왼쪽으로 틀면서 힙이 돌아가지 않도록 주의한다. 보통 라켓의 각도는 조금 숙여서 타구 한다.

[사진 3-25] 포핸드 스트로크 폴로 스루

❹ 공이 바운드된 후 정점에 달했을 때 손목과 팔에 힘을 빼고 자연스럽게 타구하도록 한다.
타구한 다음 스윙한 힘을 자연스럽게 빼면서 폴로 스루를 한다.
라켓 끝이 왼쪽 눈 방향까지 오도록 진행시키되, 팔꿈치는 들지 않도록 주의한다. 폴로
스루를 짧게 하고 준비자세로 빠르게 돌아오도록 한다.
- 현 중국탁구의 신 타법은 정확성을 높이기 위해서 폴로 스루를 길게 끌고 가고 있기도
하다.

3) 포핸드 스트로크 연습방법

(1) 연습방법 1 - 코스 연습
①Fore Cross(포핸드 크로스) 연습방법

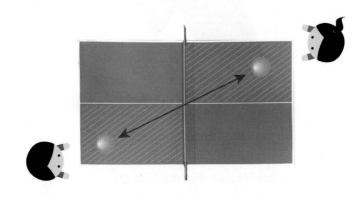

[그림 3-4] Fore Cross(포핸드 크로스) 연습방법

상대방과 함께 포핸드 위치에 서서 정확한 자세로 연결하는 연습을 한다.

볼을 친다면 강하게 치기보다는 볼이 라켓에 맞는 순간 강약조절을 하여 연결을 많이 할 수 있도록 한다. 자신의 감각이 향상될 수 있도록 연습한다.

②Back Cross(백핸드 크로스) 연습방법

백핸드 코스로 돌아서서 연습할 때 왼발이 너무 깊숙히 들어가지 않도록 한다. 백핸드 코스 모서리가 몸 중간 정도로 하고 테이블과의 거리는 초보자의 경우 30cm정도의 공간을 두고 숙련자의 경우 70cm~1m 정도 공간을 두고 볼을 치도록 한다. 포핸드 코스 볼의 경우 바운드 되는 코스가 길어 타점이 멀어지는데 왼발이 깊숙히 들어가거나 테이블에 너무 붙어 있게 되면 볼의 타점을 맞추기가 어려워진다.

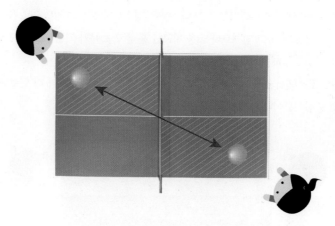

[그림 3-5] Back Cross(백핸드 크로스) 연습방법

③ Straight(스트레이트) 연습방법

스트레이트 코스는 거리가 짧으므로 공을 길게 치지 않도록 주의하자. 익숙해지면 대각선 및 다양한 방식으로 연습하는 등 탁구대 전면을 사용하여 연습한다면 실력이 향상될 것이다.

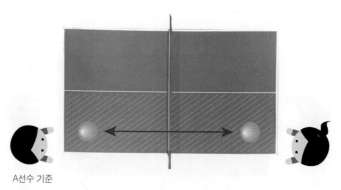

A선수 기준

[그림 3-6] 포핸드 코스 스트레이트 연습방법

포핸드 코스에서 스트레이트로 칠 때 : 몸을 평소보다 오른쪽 방향으로 틀어주어 볼을 칠 수 있도록 하고 임팩트나 공을 치고난 후 폴로 스루가 기본 크로스 포핸드보다 짧게 해주도록 해야한다.

백핸드 코스에서 스트레이트로 칠 때 : 왼발을 백 스트로크 때보다 더 뒤로 빼주도록 하고 중심이동이나 임팩트를 하도록 한다.

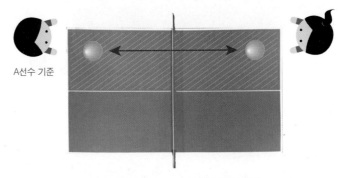

[그림 3-7] 백핸드 코스 스트레이트 연습방법

서로의 미들 코스 에서의 스트로크 : 약간 왼발이 5cm~10cm정도 나온 상태에서 포핸드 스트로크를 치는 방법으로 연결을 한다.

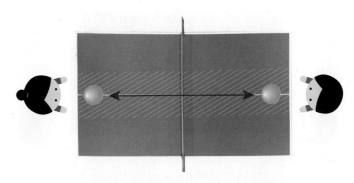

[그림 3-8] 서로의 미들 코스에서의 스트로크 연습방법

(2) 연습방법 2 - 스윙연습

스윙을 할 때는 몸 전체를 이용하는데 구체적으로 하체(허리, 무릎), 어깨, 팔 등의 조화가 이루어지도록 한다. 속도를 천천히 또는 빠르게 조절해서 다양하게 스윙한다.

① 삼각형 스윙연습

초보자의 경우 처음 연습할 때 폴로 스루(Follow Through)를 하지 않으면 스윙이 흔들릴 수 있으므로 폴로 스루를 정확히 하도록 한다.

• 스윙을 할 때는 몸 전체를 이용하고 정확한 스트로크의 기본 동작을 익힌 후에 손목의 이용 기술을 익혀야 한다.

초보자의 경우 손목은 아주 조금만 움직이도록 주의한다. 그 이유는 손목의 이용이 많으면 볼의 컨트롤이 어렵기 때문이다.

상급자는 손목을 적절하게 사용한다면 더욱 다양한 코스로 볼을 보낼 수 있다.

- 거울 앞에서 임팩트 자세를 여러 방향으로 바꿔가면서 실시해 본다.
- 자신의 모습을 보면서 실제의 포핸드 스트로크 자세로 휘둘러본다.
- 스윙 연습이 끝나면 실제로 상대에게 서비스를 넣게 하여 쳐본다.

❶ 라켓이 명치에서 약간 오른쪽으로 위치하도록 한다.

❷ 라켓을 옆으로 뺄 때 너무 뒤로 빠지지 않게, 라켓각도는 적정하게 숙여졌는지 확인한다.

❸ 라켓을 왼쪽 눈썹 옆까지 올려준다.

❹ 준비자세 ❶번자세로 돌아온다.

[사진 3-26] 삼각형 스윙연습

② 코스별 연습방법

- 포핸드 코스에서 50회 ~100회 연습해보기.

- 백핸드 코스에서 50회 ~100회 연습해보기.

- 포핸드 · 백핸드 전환하면서 연습해보기.

(3) 연습방법 3 - 볼박스를 이용한 연습

볼박스 연습 이유는 스피드 적응훈련과 선수들의 체력을 복합적으로 향상시킬 수 있는 연습방법이다.

① 정확한 스윙 및 임팩트를 연습할 수 있어서 좋다.

② 많은 볼이 필요하고, 일정하게 공을 던져줄 수 있는 상대나 탁구머신을 이용해서 연습할 수 있다.

[사진 3-27] 볼박스를 이용한 연습

포핸드 스트로크

[사진 3-28] 포핸드 스트로크 연속동작　　　03. 탁구 초급반 | 95

⑷ 연습방법 4 - 랠리 기록에 도전해 보기

　포핸드로 처음에는 개수를 30, 50, 100…이렇게 늘려가면서 랠리 연습을 한다.

　일정한 곳으로 공을 칠 수 있도록 노력해 본다. 빨리 치거나 강하게 치려고 하기 보
다는 목표코스를 정해두고 정확하게 공을 연속해서 칠 수 있도록 하자.

[사진 3-29] 랠리 기록 도전하기

5. 백핸드 스트로크(Backhand Stroke)

백핸드 스트로크는 힘의 방향, 라켓 각도 및 스피드에 따라 다양한 종류로 나뉘어 진다. 상대의 공격을 받을 때나 공 스피드 변화를 줄 때, 공을 짧고 빠르게 칠 때 사용하는 쇼트와 상대방의 볼이 높게 떠서 오거나 공격적으로 깊숙히 밀어치는 푸시가 있다.

1) 백핸드 스트로크의 기본자세

- 임팩트 전에 블레이드를 든 팔의 겨드랑이를 살짝 벌려 라켓을 든 손과 팔꿈치가 일직선이 되도록 만드는 것이 중요하다.
- 어깨에 힘이 들어가지 않도록 주의한다.

[사진 3-30] 백핸드 스트로크의 기본자세

(1) 라켓의 각도

스피드 있는 볼이나 강한 스매싱 볼, 드라이브 등 변화있는 볼이 와도 라켓의 각도가 정확하면 안전하게 되돌려 보낼 수 있다.

[사진 3-31] 전진회전이 걸렸을 때 디펜스 하는 라켓 각도

전진회전(드라이브)이 걸렸을 경우는 라켓면을 아래로 향하게 한다.

[사진 3-32] 역회전(커트)이 걸렸을 때 디펜스 하는 라켓 각도

역회전(커트)이 걸린 볼에 대해서 라켓면을 위로 향하게 하는 것이 좋다.

빠른 볼은 라켓면을 아래쪽(약 45°)으로 하며, 느린 볼이 왔을 때는 위쪽(약90°)으로 향하도록 한다.

초보자체크 tip

1. 지나친 백스윙이 되고 있는지 점검.
2. 양 발이 너무 앞뒤로 벌어지지 않도록 주의하고 평행에 가깝게 위치 시키도록 한다.
3. 임팩트 순간에 턱이나 자세가 들려서 체중이 뒷부분에 남아 있지 않도록 한다.
4. 상대를 이기려고 하기보다는 안전하게 넘기도록 한다.

(2) 타구 위치

처음 연습할 때 기본적인 쇼트의 타점은 ③번이고 기능이 숙달되면 다리를 움직여서 ① ~ ⑤번까지 오는 모든 공을 칠 수 있다.

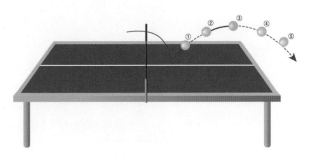

[그림 3-9] 백핸드 스트로크 타점 포인트

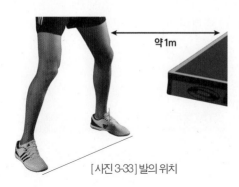

(3) 발의 위치

실전에 유용하게 대처하기 위해 발의 자세는 엔드라인에 대해 평행하게 서거나 왼발이나 오른발을 약간 앞으로 한다.

[사진 3-33] 발의 위치

(4) 풋워크

포핸드 풋워크에 비해 움직임이 많지 않지만 공을 치기 쉬운 위치까지 빠르고 정확히 움직여야 쇼트 기술을 안전하게 구사할 수 있다.

2) 쇼트 (Short)

(1) 맞추기 쇼트

상대가 친 볼의 힘을 이용하여 '공을 맞춘다' 라는 느낌으로 라켓을 갖다 대서 공을 넘기는 기술이다.

라켓을 갖다 댈 때는 손에 힘이 들어가지 않도록 해야하며 보내고자 하는 코스로 라켓 각도만 조절해서 맞춰야 실수를 줄일 수 있다.

상대가 스매시를 하거나 드라이브를 걸 때 맞추기 쇼트로 디펜스를 해준다.

초보자 쇼트시 체크 tip

• 상대가 공격한 볼을 수비하는 것이 대표적인 것.
• 타구 위치가 몸에서 멀어지면 불안정하게 되기 때문에 발을 움직여줘야 한다.
• 그립은 고정시키기 보다는 각도가 다양하게 나올 수 있는 그립으로 만들어준다.
• 타구 후에는 제자리에 돌아오도록 한다.

[사진 3-34] 쇼트 연속동작

연습방법

1)다구연습

①파트너는 공을 일정하게 준다.

②볼을 치는 사람은 손과 어깨에 힘을 빼고 볼을 맞추도록 한다.

③라켓 각도에 변화를 주며 맞춰보도록 한다.

④무회전 볼과 회전 볼을 다양하게 연습하도록 한다.

추가 연습

- 공의 강약 및 속도를 조절하여 공의 변화에 따라서 맞추기 백핸드 쇼트가 가능하도록 한다.

- 공의 코스를 중앙과 백 사이드 코스를 번갈아 주도록 해서 사이드로 오는 볼과 몸쪽으로 오는 볼의 디펜스 연습을 한다.

- 무회전볼과 회전볼 등 다양한 구질의 볼이 왔을 때 그립잡은 손의 힘 변화를 조절하여 디펜스하는 연습을 한다.

2)파트너와 연습

①코스 및 상황을 정해놓고 디펜스를 하면서 연결이 가능도록 한다.

②이 연습의 목적은 내가 보내고자 하는 코스로 정확하게 보내고자 하는데 있다.

(2)커트성 쇼트

커트성 쇼트는 라켓면을 40° 가량 눕혀서 공이 맞는 순간 위에서 아래로 자르듯이 공을 치는 기술이다. 임팩트 순간에는 약간의 힘을 주어 쳐야한다.

백핸드 커트성 쇼트는 공보다 라켓이 약간 위에서 스윙이 시작되도록 하며, 랠리가 오래 지속될 때, 혹은 친 볼이 바운드 된 후 전진되지 않고 테이블 위에 약간 머무는 구질일 때, 상대가 친 볼이 약간의 역회전성 구질을 가지고 있을 때 주로 사용한다.

볼을 치는 스윙은 간결해야 하며 공을 칠 때 손에 과도하게 많은 힘이 들어가지 않도록 한다. 충분한 연습 후 실행해야 하는 기술로서 무리하게 볼을 비틀어치지 않도록 주의한다.

커트성 백핸드 쇼트의 타점은 공이 정점에 이르기 전에 하는 것과 정점에서 약간 내려올 때 치는 방법이 있다.

컷트 백핸드 쇼트 연습방법(역회전 볼을 만들기 위한)

1) 정점에 이르기 전 임팩트한 커트성 백핸드 쇼트
 ① 상대방이 친 볼이 바운드 된 후 약간 머물러 있는 볼일 때 주로 사용한다.
 ② 상대방이 친 볼이 내가 치기 좋게 온 볼이란 걸 알고, 수비자세로 돌아가는 것을 본 후, 비어있는
  코스를 보고 찌르듯이 해준다.
 ③ 상대방과 랠리가 되었을 때 공의 구질을 변화시키기 위해서 위에서 아래로 내리찍어 공이 역회
  전이 되도록 한다.
 ④ 팔이나 손목만 이용하려고 한다면 라켓이 많이 흔들릴 수 있으므로 주의해서 볼을 친다.
 ⑤ 볼의 너무 밑면을 쳐서 역회전을 주려고 하면 공이 뜰 수 있으므로 볼의 중앙에서 볼을 아래로
  빠르게 잘라주는 느낌으로 볼을 임팩트해야 한다.

2) 정점 후 임팩트 한 커트성 백핸드 쇼트
 ① 정점 후 임팩트를 하기 위해선 볼을 느긋하게 기다릴 줄 알아야 한다.
 ② 상대방의 움직임과 볼의 구질, 변화, 속도를 파악하여 상대의 중심을 흐트러뜨리는데 목적이 있다.
 ③ 상대방이 움직일 때 페이크 모션(Fake Motion) 및 속도의 변화를 통해서 상대방의 중심을 흔들리
  게 한다.
 ④ 정점 후 임팩트한다면 볼이 높이 떠서 갈 수 있으므로 기술을 쓸 때는 역공을 당하지 않도록 주
  의한다.

(3) 드롭성 쇼트 또는 스톱성 쇼트

  '공이 움직임을 멈춘다'는 의미로 스톱성 쇼트라고도 하고 공을 짧게 떨어뜨린다
 는 의미로 드롭성 쇼트라고도 불리운다.
  상대가 테이블에서 떨어져 있거나 뒤로 물러나려고 할 때 공의 속도 변화를 주는
 기술이다.
  이 기술은 손의 감각이 필요하다. 공의 강약조절 및 코스 조절을 해야한다.
  라켓이 거의 움직이지 않고 팔 전체를 이용하여 공의 속도를 줄여서 네트 앞으로
 떨어뜨리거나, 스핀성 볼의 경우 손목을 살짝 움직여 코스 변화를 주며 드롭을 하기
 도 한다.
  공의 충격량을 줄일 수 있도록 해서 볼의 컨트롤을 잘 해야 하므로 공에 대한 원리
 를 이해하고 많은 연습을 통해 감각을 키울 수 있도록 해야한다.

3) 푸시(Push)

상대방의 볼이 천천히 오거나 위로 떠서 올 때 강하게 볼을 보내서 득점하고자 하는 공격적인 백핸드 기술이다.

강하게 치기위해 공과의 거리를 너무 멀리 잡거나 스윙을 미리 크게 벌릴 경우 실수가 나올 수 있으므로 팔에 많은 힘이 들어가지 않도록 주의한다.

푸시성 쇼트를 잘 하기 위해서는 작은 스윙으로 임팩트에 중점을 주고 연습하다가 감각이 좋아질 경우 스윙을 약간 더 크게 하고 임팩트 순간의 힘을 길러서 강한 타구가 가능하도록 해야한다.

볼은 라켓 중앙에 맞춰 줘야 하고 힘도 라켓 중앙으로 모아야 한다.

푸시성 쇼트의 경우 힘의 중심이 라켓 끝쪽으로 몰린다면 손목이 흔들리고 라켓이 위로 올라가면서 전완(아랫팔 뼈) 부근에 힘이 들어가며 볼의 실수가 많아진다.

공을 완전히 보낸 후 다음 동작을 취해야 하며, 라켓 윗부분을 숙여주면서 공을 앞으로 밀어주어야 한다.

- 오른발의 수직선상에서 블레이드를 약 45˚ 정도 숙여 자신이 타구하고 싶은 방향을 향해 자연스럽게 밀어준다.

❶ 상체를 약간 숙이고, 쇼트는 몸의 중앙쯤에서 타점이 이루어지고, 백핸드 스트로크는 약간 백쪽에서 타점이 이루어 지도록 백스윙을 한다. 이때, 되도록 팔꿈치와 손목과 라켓은 일직선상에 놓여 있게 만든다.

[사진 3-36] 푸시 연속동작

❷ 볼이 정점에 이르렀을때 쇼트때보다 약 45° 정도로 라켓을 기울여 볼을 덮는 느낌으로 타구한다.

❸ 팔꿈치를 중심으로 폴로 스루(Follow through) 하는데, 너무 앞으로 나가지 말고 되도록 짧게 하고 재빨리 준비자세(기본자세)로 돌아온다.

[사진 3-35] 푸시 기본 자세

4) 연습방법

팔꿈치와 손목에 힘을 주면서 자연스럽게 블레이드 끝을 살짝 덮는 느낌으로 밀어내며 폴로 스루(Follow through)는 조금 위로 올라간다.

두발이 수직선상에 블레이드와 팔꿈치가 일직선으로 놓이도록 자연스럽게 돌아온다. 어깨가 아니라 팔꿈치로 친다는 느낌으로 한다.

- 라켓을 벽으로 생각하고 '볼을 넘긴다.' 라는 느낌으로 볼을 친다.
- 하반신을 완전히 안정시킨다.

　공을 치는 순간에는 안정시켜서 쳐야 하지만 공을 친 후에는 다음 볼을 치기위해 움직임을 해주는 것이 좋다.

이 때 움직임은 상하이동이 크지 않고 발을 부드럽게 움직여서 볼을 칠 수 있도록 한다. 상황에 따라서 공이 짧게 왔을 때 왼발이나 오른발이 볼 가까이 다가가도록 해준다.

- 공을 자신의 테이블에 바운드 시킨 후 넘겨보는 연습을 한다.
- 라켓면이 약간 아래를 향하도록 해서 임팩트할 수 있도록 한다.
- 볼박스를 이용하여 전진회전 되어서 오는 볼을 치는 연습을 해본다.

6. 스매시(Smash)

〈드라이브 할 때 라켓 각도〉 　　〈스매시 할 때 라켓 각도〉

[그림 3-10] 드라이브 할 때와 스매시 할 때 라켓 각도

스매시(Smash)란 "높은 볼을 강하게 때려 넣는 타법이다." - 두산백과 인용

스매시 스윙의 기본은 발의 움직임이다. 공의 바운드가 높게 되어 들어오는 볼을 위에서 아래로 내리면서 치는 기술이다.

앞에서 배운 포핸드 스트로크보다 좀더 크게 스윙하며, 공이 회전없이 조금 높게 넘어 올 때 사용하는 기술로, 득점을 올릴 수 있는 절호의 찬스 때 많이 사용한다. 타구점은 자신의 눈과 어깨 높이로 공이 왔을 때 치는 것이 좋다.

라켓면을 탁구대와 거의 수직에 가깝게 세우고 스윙을 한다. 임팩트 순간 스윙의 스피드를 높이고 중심이동에 신경을 써야 한다.

1) 셰이크핸드 포핸드 스매시

넘어오는 구질에 따라 다르지만 보통은 라켓을 세운다. 바운드가 높기 때문에 평소보다 뒤로 떨어져 있다가 타점을 잘 맞추어 볼을 쳐야 한다.

라켓의 위치는 치고자 하는 볼의 위치보다 약간 높거나 같도록 해야 한다. 백스윙 시 라켓이 너무 처지지 않도록 한다.

스매시는 득점을 노릴 수 있는 기술이지만, 동작이 큰 만큼, 상대가 블록(Block)이나, 로빙으로 디펜스를 해서 들어오는 공을 넘길 때 자세가 흐트러 질 수 있으므로, 무릎의 탄력을 이용하여 재빨리 준비자세로 돌아오는 것을 잊어서는 안된다.

[사진 3-37] 스매시 부분별 동작

❶ 공과 상대방의 움직임을 주시하면서 준비자세를 취한다.

❷ 팔은 90° 정도로 유지하면서 오른다리에 중심을 싣고 무릎과 허리를 오른쪽으로 틀어주면서 백스윙 한다. 이 때 라켓의 각도는 탁구대와 거의 90°를 유지한다.

❸ 왼발을 앞으로 내딛으며 오른발에서 왼발로 중심이동을 하면서 공이 정점에 이르렀을 때 중심이동을 앞쪽으로 하면서 강하게 임팩트 한다. 이 때 어깨에 힘이 들어가지 않도록 주의한다.

❹ 중심이 흔들리지 않도록 유지하고 상대방이 디펜스(defence)할 것을 대비하여 빠르게 준비자세로 돌아온다.

1. 볼을 치기 위해 스윙할 때 최대한의 힘을 집결한다.
2. 실수를 줄일 수 있도록 라켓의 힘 조절, 타점, 임팩트 순간, 코스 선택을 적절히 해야 한다.
3. 타구가 끝나면 곧바로 다음 볼을 칠 수 있도록 기본자세로 돌아오도록 한다.
4. 체중의 이동, 강한 다리의 힘, 날카로운 스윙, 적절한 타구점이 조화롭게 이루어져야 한다.
5. 아주 강한 스매시를 한다고 해서 점수가 2점이 올라가는 것은 아니므로 욕심을 버려야 한다.
6. 한편 상대 스매시에 점수를 잃는다 해도 무력감과 패배감 같은 마음을 가질 필요가 없다.
7. 볼을 치기 전 힘을 적절하게 배분하여 볼을 쳐야 한다.
8. 볼을 칠 때 라켓이 흔들리지 않도록 하고, 어깨에 힘을 빼야 한다.
9. 득점을 얻을 수 있도록 원하는 코스로 칠 수 있도록 컨트롤 하도록 한다. 사이드라인이나 상대의 몸쪽을 목표로 공격을 하는 것이 득점을 얻기에 유리하다.
10. 강약을 조절해서 친다.
    - 강하게 쳤을 때: 치고 난 뒤 다음 동작으로 빠르게 연결하기 어렵고, 상대방의 리턴도 빨리 돌아온다.
    - 약하게 쳤을 때: 치고 난 뒤 다음 동작으로 빠르게 연결할 수 있고, 시간을 여유롭게 벌 수 있는 상황을 만들수 있다.

스매시

[사진 3-38] 스매시 연속동작

2) 셰이크핸드 백핸드 스매시

셰이크의 가장 큰 장점은 백핸드 공격을 할 수 있다는 것이다. 백핸드 스매시도 펜홀더에 비해 쉽고 좀더 각이 큰 범위를 커버할 수 있다.

그렇다고 셰이크의 백핸드 스매시가 아주 쉽다고 할 수는 없다. 많은 노력이 필요하지만 일단 감각을 익히면 셰이크의 가장 큰 장점을 무기로 가지게 될 수 있다.

[사진 3-39] 셰이크핸드 백핸드 스매시

❶ 무릎과 상체를 조금 굽히고 공과 상대방의 움직임을 주시 한다.
❷ 준비자세에서 허리와 팔꿈치와 어깨를 동시에 왼쪽으로 비틀어 준다.
　라켓 헤드가 왼쪽 옆구리 부분을 향하도록 백스윙을 한다.
❸ 공이 정점에 이르렀을 때 팔꿈치를 중심으로 손등과 손목에 힘을 주면서 임팩트 시 라켓의 헤드 부분이 앞으로 강하게 움직이게 스윙한다. 이때 그립은 엄지 손가락을 조금 세운다.
❹ 원을 그린다는 느낌으로 폴로 스루(Follow through)를 해준다.
　이 때 자신이 볼을 보내고자 하는 방향으로 라켓 헤드 부분을 가리키고, 백핸드 쪽 러버가 공을 덮는다는 느낌으로 폴로 스루 후 재빨리 준비자세로 돌아온다.

셰이크 백핸드 스매시

[사진 3-40] 셰이크 백핸드 스매시 연속동작　　　03. 탁구 초급반　113

3) 펜홀더 포핸드 스매시

① 기본자세   ② 백스윙

③ 임팩트   ④ 폴로 스루

[사진 3-41] 펜홀더 포핸드 스매시

❶ 공과 상대방의 움직임을 주시하면서 준비자세를 취한다.
❷ 팔은 90° 정도 유지하고 오른쪽 다리에 중심을 싣고 무릎과 허리를 오른쪽으로 틀어주면서 백스윙한다.
❸ 왼발을 앞으로 내 딛으며 오른발에서 왼발로 중심 이동하면서 공이 정점에 왔을 때 중심이동을 앞쪽으로 하면서 강하게 임팩트한다.
❹ 팔꿈치가 들리지 않도록 주의하고 중심이 흔들리지 않도록 유지하면서 상대방이 수비할 때를 대비하여 빠르게 준비자세로 돌아온다.

연속 사진 - 자료 출처 현정화의 콕! 찍어보는 탁구 비법 vol2
펜홀더 포핸드 스매시

[사진 3-42] 펜홀더 포핸드 스매시 연속동작

4) 펜홀더 백핸드 스매시

백핸드 스매시는 강력한 기술이지만 어려운 기술이다. 특히 펜홀더 백핸드는 펜홀더의 백미라 할수 있을 만큼 강력한 무기이고, 폼도 아주 멋있다.

배우기 어려운 만큼, 배우면 강력한 득점원이 될 수 있는 기술이기에 익혀둘 필요가 있다.

[사진 3-43] 펜홀더 백핸드 스매시

❶ 코트 끝에서 1m 정도 떨어진 위치가 적당하며, 코트에서 약간 비스듬히 선다. 탁구대 모서리 쪽에 서서 오른발이 왼발보다 앞으로 나오도록 선다.

❷ 볼이 오면 오른쪽 어깨를 약간 떨어뜨리고 왼쪽 어깨를 올린다.

오른쪽 팔꿈치는 90°정도로 하고 라켓을 테이블 아래로 내려서 준비하지 않도록 주의한다.

백스윙은 좌우의 팔과 상반신이 일체되어 회전해야 하며 하체는 다리를 어깨넓이 보다 약간 더 넓게 벌린 상태로 무릎은 살짝 구부려 준다.

❸ 임팩트 시 밑에서 위로 볼을 스치듯이 치며 전진회전을 줄 수도 있다.

❹ 임팩트 후 팔꿈치를 다시 원위치로 가지고 와서 다음 볼을 준비할 수 있도록 한다.

[사진 3-44] 펜홀더 백스매시 연속동작

(2) 스윙연습

- 백스윙에서 임팩트 순간까지 라켓이 팔꿈치보다 앞에 나오도록 비스듬히 틀어준다.
- 임팩트 이후 폴로스윙에서 피니쉬에 걸쳐서 라켓 헤드가 팔꿈치보다 먼저 돌아가도록 해야한다.
- 오른쪽 팔꿈치가 흔들리지 않도록 주의해야 한다.
- 중심이동을 잘 해야 한다.
- 타구 후 재빨리 돌아오는 스윙을 반복 연습해서 임팩트 순간이 늦어지지 않도록 하고, 임팩트 하고 난 뒤 본래의 자세로 돌아와서 다음 볼을 잘 칠 수 있도록 한다.

펜홀더	그립	라켓의 한쪽면 사용
	라켓핸드	전완(아랫팔 뼈)의 내측을 위로 향하게 하고 러버의 면이 우측으로 향하게 한다.
	프리핸드	프리핸드를 높게 올려 팔꿈치가 머리 옆으로 부터 앞에 오는 정도의 자세를 취한다.
	스탠스	발을 약간 앞으로 하는 스탠스 혹은 엔드라인에 평행한 스탠스
	어깨선	좌측어깨가 우측 어깨보다 높은 자세
	테이크백의 팔꿈치 위치	우측 복부로 부터 20~30cm정도의 위치
	스트로크	팔꿈치를 중심으로 치며 팔꿈치가 몸 쪽으로 돌아오게 하고 빠른 회전을 이용하여 타구함.
	임팩트	공이 라켓에 맞는 임팩트 순간까지 볼을 끝까지 보고, 손목의 스냅 및 중심이동을 이용하여 정확하게 타구할 수 있도록 한다.

셰이크핸드	그립	양쪽면을 사용
	라켓핸드	전완(아랫팔 뼈)과 라켓이 중심선에서 다소 좌측에 위치 하도록 한다.
	프리핸드	프리핸드의 팔꿈치는 어깨 높이로 한다.
	스탠스	발을 약간 앞으로 하는 스탠스 혹은 엔드라인에 평행한 스탠스
	어깨선	양쪽 어깨를 수평으로 유지
	테이크백의 팔꿈치 위치	몸 중앙에 위치
		(테이크 백 : 백스윙을 시작하는 동작)
	스트로크	몸 중앙에서 부터 앞으로 돌출한 데로 회전하며 타구함.
	임팩트	공이 라켓에 맞는 임팩트 순간까지 볼을 끝까지 보고, 손목의 스냅 및 중심이동을 이용하여 정확하게 타구할 수 있도록 해야한다.

7. 풋워크 (Foot work)

풋워크는 발의 움직임을 말한다.

볼을 정확하게 타구하기 위해서는 부지런히 움직여야 한다. 자기가 원하는 코스로 볼을 보내지 못하고, 볼의 타이밍을 자꾸 놓치는 사람은 풋워크의 결함이 있는 경우가 많다.

잘못된 발 움직임 및 잘못된 중심이동은 자기가 원하는 볼을 치지 못한다.

탁구의 기본기 중 하나인 풋워크를 정확하게 익히는 것은 경기 범위를 넓게 하고 최적의 경기 위치를 확보하는데 매우 중요하다.

풋워크 tip

1. 신체 균형을 유지해야 한다.

움직임을 신속하게 해서 신체 균형을 유지해야 한다.

2. '홈 포지션'을 지켜라.

홈 포지션이란 코트 안에서 항상 어떤 방향의 타구에 대해서도 곧바로 대응할 수 있는 위치를 홈 포지션이라고 한다.

개인마다 홈 포지션 지점이 조금씩 다를 수 있다.

상대를 홈 포지션에서 끌어낼 수 있는지, 홈 포지션으로 되돌아가지 못하게 하는지에 따라 승패가 좌우된다.

어느 곳이 자신의 홈 포지션인지 알기 위해서는 자신의 장점, 단점을 먼저 파악하고 그 위치를 정해야 한다.

3. 발로쳐라

손으로 공을 따라 다니기 보다는 발로 따라 다녀라.

공을 잘 치기 위해 정확한 풋워크를 익혀 두어야 한다.

아무리 힘이 강하고 정확한 스트로크를 제대로 할 수 있다고 해도 풋워크가 잘 받쳐주지 않으면 정확한 볼을 잘 칠 수 없다.

1) 풋워크의 기본자세

• 발 뒤꿈치를 바닥에 완전히 붙이지 않는다.

공이 오기 전 다리가 먼저 움직여 거리를 맞추도록 한다.

좌 - 우 사이드 스텝으로 움직일 수 있도록 한다. (공 바운드 거리에 따라서 전후 스텝도 사용한다.)

2) 풋워크의 요령

발 앞부분에 중심을 실어서 바닥을 찰 수 있도록 한다.

- 볼에서 먼 곳에 있는 발을 먼저 움직인다.

- 양발을 동시에 동일한 속도와 감각으로 움직인다.

- 이동할 때에는 상체의 상하이동을 적게하고 앞으로 숙인 자세를 유지한다.

- 바닥에서 발이 높이 뜨기 보다는 부드럽게 움직여 주는 것이 좋다.

- 타구 하기 전 발을 움직여 중심을 잡은 후 공을 칠 수 있도록 신속하게 움직이는 것이 좋다.

3) 풋워크의 종류

(1) 싱글 스텝(Single Step)

- 공이 몸 쪽으로 날아와서 1보 이동하면 적절한 타구점이 얻어지는 경우에 사용한다.

- 공에서 멀리 떨어져 있는 발을 축으로 해서 공에서 가까운 쪽의 발을 공쪽으로 한 발 이동시킨다.

• 백사이드 싱글 스텝

① 앞서 배운 기본자세에서 상대방의 스윙에 집중한다.

② 공이 몸쪽 가운데로 넘어오는 것을 인지 한 후 공에서 가까운 쪽의 발인 오른발을 축으로 공에서 먼발인 왼발을 1보 이동한다.

③ 자연스럽게 타구한다.

[사진 3-45] 백사이드 싱글 스텝

• 포사이드 싱글 스텝

① 앞서 배운 기본자세에서 상대방의 스윙에 집중한다.

② 공이 포사이드 넘어 오는 것을 인지한 후 공에서 먼 발인 왼발을 축으로, 공에서 가까운 쪽의 발인 오른발을 공에 가깝게 1보 이동한다.

③ 자연스럽게 타구한다.

[사진 3-46] 포사이드 싱글 스텝

⑵ 크로스 스텝(Cross Step)

몸쪽에서 멀리 떨어진 공을 타구할 때 사용한다.

공으로부터 먼 쪽의 발을 가까운 쪽의 발 앞으로 교차시켜 좌측 혹은 우측으로 크게 한 발 내딛고, 계속해서 한쪽 발을 작게 한 발을 이동시켜 몸의 균형을 유지한다.

① 앞에서 배운 기본자세를 취하면서 상대방의 스윙에 집중한다.
포핸드 쪽으로 공이 넘어 올것을 감지하면, 오른발을 아주 짧게 움직여준다.

② 공의 위치를 짐작하여 공으로 부터 먼 발인 왼발을 오른쪽 발 앞으로 교차시켜준다.

③리턴된 공의 방향을 보고 오른발을 공에 가깝게 이동한다.
자연스러운 스윙을 위해서 균형을 유지한다.
(가급적 2번 3번을 한 동작으로 해준다.)

[사진 3-47] 크로스 스텝

4) 포핸드 풋워크 연습방법

풋워크를 향상시키기 위해서는 민첩성, 순발력, 지구력이 요구된다.

평소에 장거리 달리기 및 줄넘기 등을 해서 지구력을 향상시킬 수 있도록 한다.

상대방에게 공의 길이, 속도 등을 다르게 치게 하여 적절한 스텝과 민첩한 풋워크를 반복 연습한다.

(1) 연습방법 1

파트너 1은 백핸드 코스와 미들 코스로 쇼트를 이용해서 공을 보내주고 파트너 2는 풋워크로 이동하면서 상대의 백핸드 코스로 포핸드를 치는것을 반복한다. 익숙해지면 공의 파워와 스피드를 높여본다. 코스가 짧기 때문에 정확한 자세로 볼을 친 후 왼발을 앞으로 짧게 크로스시킨 후 오른발을 옆으로 빼서 중심을 잡는다.

1번 볼을 완전히 친 후 2번 볼을 치기 위해 중심을 이동했을 때는 오른쪽 다리에 중심이 70%정도 옮겨져 있어야 한다.

[사진 3-48] 포핸드 풋워크 연습방법1

⑵ 연습방법 2

백사이드, 미들, 포사이드 순서대로 각각 1번씩 치고, 다시 미들, 백사이드 순으로 움직이며 반복하여 친다.

[사진 3-49] 포핸드 풋워크 연습방법2

⑶ 연습방법 3

점점 움직임의 범위를 넓혀서 포사이드와 백사이드에서 각각 2개씩 치는 것을 반복하면서 풋워크의 범위를 넓힌다.

[사진 3-50] 포핸드 풋워크 연습방법3

⑷ 연습방법 4

난이도를 높여 양사이드에서 각각 1번씩 강하게 치고 , 그 다음은 약하게 치는 방법으로 타구한다.

익숙해지면 강하게 타구하는 빈도를 늘이고 약하게 타구하는 것은 1번으로 하며 포핸드 공격력과 풋워크 능력을 동시에 향상시킨다.

[사진 3-51] 포핸드 풋워크 연습방법4

 포핸드와 백핸드 전환을 신속하게 하려면 어떻게 해야 하나요?

A 첫째, 공을 친 후의 라켓의 위치입니다. 라켓이 오른쪽 가슴 앞에 위치해야 하며, 공을 친 후 이동할 때도 라켓이 테이블 아래로 내려가지 않도록 해야 합니다.

둘째, 공을 친 후 다음 볼을 칠 준비자세를 신속하게 해야합니다.

볼박스(Ball box) 훈련의 특징

1. 체력소모가 많이 되는 훈련이다.
2. 어떤 기술의 범실을 줄이고 정확성을 높이기 위해서 필요한 운동이다.
3. 부분 동작 훈련을 많이 할 수 있다.
4. 정확한 자세로 강한 볼을 계속 실수 없이 치는 연습을 한다.
5. 빠른 볼을 치는 연습을 통해서 몸의 반응속도와 볼의 회전량에 따라 순간적인 라 켓 각도 그리고 자세가 흐트러지지 않고 볼을 치는 연습을 할 수 있다.
6. 디펜스 연습을 할 때 실수없이 정확히 볼을 맞춰서 안정성을 높이는 연습을 할 수 있다.
7. 자세 교정에 효과적이다.

5) 싱글 + 크로스 스텝 연습방법

싱글 스텝과 크로스 스텝 한동작으로 연습 하기

(1) 부분동작 보기

① 앞서 배운 기본자세를 취하면서 상대방의 라켓에 집중한다.

② 앞서 배운 몸쪽 싱글 스텝을 하면서 기본 스트로크를 해준다.

③ 상대방이 포핸드 쪽으로 리시브를 받을 경우, 포핸드 쪽으로 올것을 감지함과 동시에 오른발을 살짝 공쪽으로 움직인다.

④ 공의 위치를 짐작하여 공으로부터 먼 발인 왼발을 오른쪽 발 앞으로 교차시켜준다.

⑤ 리시브된 공의 방향을 보고 오른발을 공에
　가깝게 이동한다.
　자연스러운 스윙을 위해서 균형을 유지한다.
　(가급적 4번 5번을 한동작으로 해준다.)

⑥ 공의 높이를 측정하면서 포핸드 스트로크의
　백스윙 자세를 취한다.

⑦ 포핸드 스트로크를 자연스럽게 스윙해 준다.

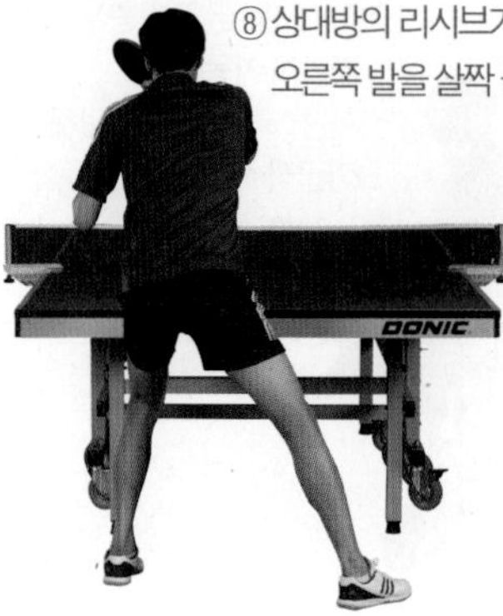

⑧ 상대방의 리시브가 백쪽으로 다시 온 것을 감지함과 동시에 오른쪽 발을 살짝 공의 방향으로 움직여 준다.

⑨ 오른발을 공이 떨어지는 지점을 생각하면서 왼발 뒤쪽으로 크로스 해준다.

⑩ 기본자세로 돌아갈 것을 생각하면서 왼발을 공의 타구점을 보면서 한발 움직여 준다.
처음 공을 친 기본 스트로크 자세로 돌아오면서 다음 공을 칠 준비를 한다.

[사진 3-52] 싱글 + 크로스 스텝 연습방법

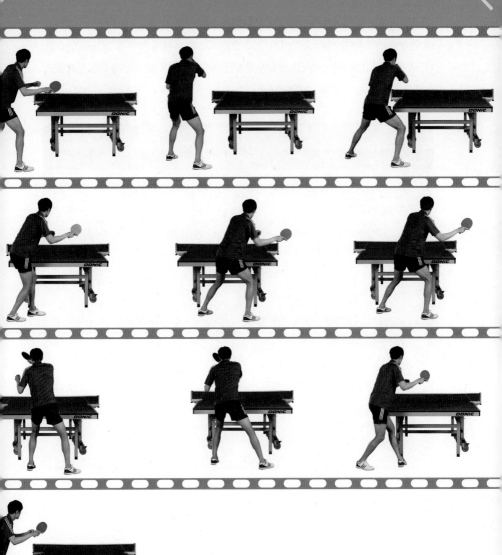

[사진 3-53] 싱글 + 크로스 스텝 연속 동작

(2) 연습 방법

　기본 자세에서 싱글스텝+크로스 스텝+다시 기본자세 위치로 되돌아 오는 스트로크 연습을 반복한다. 미리 움직이지 말고 공을 보고 정확히 움직일 수 있도록 연습한다. 공을 보내고자 하는 코스로 정확하게 보낼 수 있도록 연습한다. 개수를 정해놓고 목표를 달성할 수 있도록 연습한다.

풋워크 tip

1. 움직임 시 중심이 뒤로 빠지지 않도록하며 발 앞꿈치 쪽에 힘을 주고 중심을 앞쪽에 두고 움직인다.

2. 다음 공을 치기 위해 먼저 온 공을 대충 치는 것이 아니라 정확히 중심이동을 한 후 다음 공을 따라갈 수 있도록 한다.

3. 풋워크로 다리를 이동해서 공을 치기위한 준비자세를 바로 만들 수 있도록 해야한다.

4. 상ㆍ하 이동이 크면 볼의 박지를 놓칠 수 있으므로 상체이동을 최소화하고 다리 움직임을 신속하게 한다.

풋워크란 발을 움직이는 방법이다. 볼과의 거리를 조절하여 정확한 타점을 만들어서 볼을 칠 수 있도록 해야한다.

볼이 오는 방향에 따라 작은 풋워크 스텝, 큰 풋워크 스텝을 적절히 구사할 수 있어야 한다.

8. 커트(Cut)

1) 커트의 기본자세

볼의 하단부위를 맞추어 볼에 역회전을 주는 타법이다. 라켓각도의 변화를 통해 역회전의 강도를 조절할 수 있다. 역회전볼 리시브는 상대방 볼의 역회전 강도에 따라서 각도조절을 해서 받아야 한다.

커트는 볼이 최대한 네트와 가깝게 들어가도록 해서 상대가 선제공격을 잡지 못하도록 하는 연습이 필요하다.

초보자는 처음에 너무 뉘어서 잡으면 볼을 맞추기 및 임팩트 조절이 어렵다.

[사진 3-54] 너무 뉘어서 잡은 라켓 각도

[사진 3-55] 알맞은 라켓 각도

쇼트기술 각도에서 라켓면이 위를 향하게 만들어서 공을 넘겨보며 감각을 익혀보도록 연습한다.

① 커트 기본자세 : 첫 준비자세는 쇼트 위치에서 가슴 앞에 라켓을 들고 볼을 칠 준비를 한다. 공에 눈높이를 맞출 수 있게 자세를 낮추고 공 가까이 가서 임팩트 할 수 있도록 오른발 또는 왼발이 앞으로 들어 가면서 커트를 해준다.

② 백스윙 : 준비자세보다 약간만 뒤로 빼준다.

③ 타구점 : 몸 앞에서 잡을 수 있도록 하고 정점 또는 정점에 이르기전 2와 3사이 정도에서 커트를 한다.(136page 그림 3-11, 커트시 타점 포인트 참조)

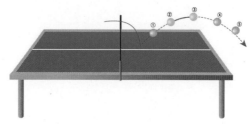

[그림 3-11] 커트시 타점 포인트

　빠른 랠리를 위해서는 정점에 이르기 전에 하고, 코스 변화 및 박자 변화를 위해 정점 또는 정점보다 약간 늦게 커트 하기도 한다.

　④ 임팩트 : 공을 부드럽게 강하게를 조절 하면서 타구할 수 있도록 연습해야 한다.

　　볼의 하단을 맞추기 위해 손이나 팔에 힘이 들어가면 범실이 나올 수 있으므로 주의한다.

[사진 3-56] 포핸드 커트시

[사진 3-57] 백핸드 커트시

- 손에 감각이 생겨 조절할 수 있게되면 각도 조절 및 힘조절을 통해서 회전량을 조절하도록 한다. 힘조절을 위해 그립잡은 손가락에 힘의 변화를 주는 선수도 있다.
- 회전량을 조절하여 리턴되는 볼의 성질까지 예측하여 나의 공격을 구사할 수 있도록 한다.

2) 연습 방법

(1) 스윙연습
- 기본각도 약 45°를 만들어 스윙한다
- 쇼트위치에서 라켓면을 위로 향하게 한 후 테이블 가까이 위에서 아래로 일직선으로 내리듯이 스윙해 본다.
- 이번엔 공의 아랫부분을 친다는 느낌으로 스윙해 본다.
- 손의 힘을 조절하면서 스윙해 본다.
- 공이 짧게 혹은 길게 왔다고 가정해보고 다리를 움직여가면서 스윙해 본다.

(2) 코스연습
몸 중심선에서 공을 잡아서 칠 수 있도록 연습한다.
- 좌우 코스 연습
스피드있게 빠지는 공은 다리가 따라가서 몸 앞에 공이 올 수 있도록 만들어준다.
- 전후 코스 연습
짧고 길게 보낼 수 있는 연습을 한다.
네트 바로 앞에 떨어뜨리는 (드롭 혹은 스톱성) 연습을 한다.
탁구대 모서리쪽에 밟힌 공이나 컵을 세워두고 목표지점을 정해서 길게 쳐보는 연습을 한다.

감각이 생길수록 역회전을 많이 줄 수 있도록 연습한다.

(3) 볼박스(Ball box) 연습

다구연습을 통해서 손의 감각을 기를 수 있다.

- 역회전이 많은 볼 연습

커트는 회전이 많으면 볼이 느리다는 점을 인지하며 연습할 수 있도록 한다.

역회전을 많이 주기위해 밑면을 치면서 공을 들어올리며 치지 않도록 주의한다.

- 전후, 좌우 코스연습

공을 불규칙으로 오게 하여 몸 중심선에서 공을 칠 수 있도록 연습하고 거리조절

감각을 익혀본다.

- 각도별 커트연습

각도의 변화를 통해 손의 감각을 익혀볼 수 있도록 한다.

공이 뜨면 라켓을 세워주고 (쇼트에 가깝게) 공이 네트에 걸리면 라켓면이 하늘

을 향하도록 눕혀서 받는 연습을 한다.

포핸드 / 백핸드 커트

[사진 3-58] 포핸드/백핸드 커트 연속동작

9. 드라이브(Drive)

드라이브란 볼에 전진회전을 주는 타법으로 큰 스윙에 의한 스피드와 회전의 효과를 이용하여 볼을 친다는 느낌보다는 '걸어 올린다' 라는 느낌으로 볼을 타구하도록 하는 기술이다.

공을 치는 각도에 따라 '일직선 드라이브' 와 '포물선 드라이브' 로 나눌 수 있다.

위력적인 볼을 구사하기 위해서는 온몸을 이용해 타구해야 한다. 중심은 낮게하고 스윙은 원을 크게 그리듯이 볼을 친다.

임팩트시의 속도나 힘에 따라 다양한 회전이 나올 수 있다.

1) 포핸드 드라이브 (Forehand Drive)

포핸드 드라이브는 중심이동이 볼의 파워를 결정한다.

하체 및 발의 중심이동 백스윙에서 폴로 스루, 임팩트에 이르기까지 적절한 중심이동이 이루어져야 한다.

(1) 발의 위치 및 중심

코트에서 1~2m 정도 뒤로 떨어져 선다. 백핸드로의 전환도 유연하게 할 수 있도록 항상 준비자세를 취해주도록 한다.

체중은 발 앞쪽에 두고 무릎의 탄력을 이용할 수 있도록 살짝 구부린 자세를 취하도록 한다. 스탠스는 넓고 중심은 낮게 한다.

팔꿈치 중심에서 어깨 중심으로 옮기며 무릎 및 발의 중심이동 및 허리회전을 통해 강한 드라이브를 구사할 수 있도록 한다. 공을 칠때 손목과 팔 그리고 중심을 강하게 이동하므로 양발 뒤꿈치가 들리게 된다.

[사진 3-59] 포핸드 드라이브 기본자세

(2) 백스윙

　정면을 바라본듯한 자세에서 허리와 무릎을 적절하게 틀어준다.

　여기에서 적절하다는 것은 신체의 다양함과 볼을 치기 전 신체의 유연함의 정도에 따라서 틀어주는 위치가 다를 수 있기 때문이다.

　기본적으로 포핸드 스트로크 자세보다 조금 더 (20~30cm)백스윙을 해준다.

　포핸드 자세에서 그대로 밑으로 내려주는 데 팔을 뒤로 그냥 빼는 것이 아니라 오른쪽 무릎을 낮추고 허리를 오른쪽으로 틀어주듯이 내려가야 한다.

　공이 오면 상체를 이용해 볼을 치기 보다는 다리를 움직여 자세를 빨리 잡아주는 것이 안전하고 강한 공을 칠수 있게 한다.

[사진 3-60] 포핸드 드라이브 백스윙

(3) 타구점

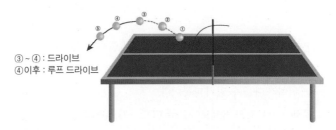

③ ~ ④ : 드라이브
④ 이후 : 루프 드라이브

[그림 3-12] 드라이브 타점 포인트

정점을 3으로 봤을 때 공이 최대로 뜨기 전 3정도에서 공을 타구하는 것이 가장 좋다. 정점에서 쳤을 때(직선 드라이브)는 정확성이 좋다.

정점에서 약간 떨어지는 (4정도) 지점에서 볼을 칠 경우에는 포물선 드라이브를 구사하기 좋다. 포물선 드라이브는 직선 드라이브에 비해 안전하고 회전량이 더 많다.

그러나 습관적으로 모든 볼을 정점에서 약간 볼이 떨어졌을 때 치려고 한다면 볼의 바운드가 달라지기 때문에 볼에 밀려 자세가 뒤로 빠지게 될 수도 있다.

(4) 임팩트

몸 앞에서 볼을 칠 수 있도록 하고 하체, 어깨, 팔이 동시에 회전(오른쪽에서 왼쪽으로 이동)하여 스윙하도록 한다.

임팩트 순간에 상 · 하체 중심이 뒤로 쏠리지 않도록 주의해야 한다.

임팩트 전 프리핸드와 같이 스윙을 하도록 해서 중심을 이동시켜 주어야 한다.

손목의 힘이 없는 경우 팔과 손목 어깨를 위로 들어 올리듯이 스윙하는 사람이 있는데 맞는 순간 각도가 죽어 범실이 날 수 있으므로 주의해서 쳐야한다.

임팩트 순간 아래에 있던 중심이 임팩트 지점에 모두 올라와 있도록 한다.

목표한 곳으로 끝까지 스윙한다.

[사진 3-61] 포핸드 드라이브 임팩트

(5) 폴로 스루(Follow through)

몸의 중심은 왼발에서 오른발로 이동, 임팩트를 기점으로 옮겨주고, 폴로 스루는 머리 앞까지 비교적 짧고 간결하게 하며 다음 공을 대비하기 위해 재빨리 준비자세로 돌아와야 한다.

[사진 3-62] 포핸드 드라이브 폴로 스루

 임팩트를 정확하게 치려면 공을 어떻게 잡아서 쳐야하나요?

A 공이 몸 앞에 올 때 칠 수 있도록 자세를 만들어 쳐야 합니다.

공을 옆에다가 놓고 치면 공에 힘을 정확히 실을 수가 없기 때문에 실수도 많이 나고 공의 임팩트를 정확히 맞춰서 치기 어렵습니다

드라이브

[사진 3-63] 드라이브 연속동작

2) 루프 드라이브 (Loop Drive)

포핸드와 백핸드 모두 포함된다.
상대 볼이 어렵게 오거나 바운드가 낮게 왔을 때 사용한다.

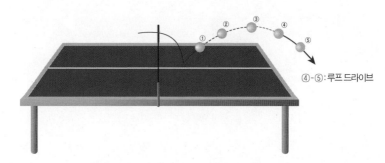

④-⑤:루프 드라이브

[그림 3-13] 루프 드라이브 타점 포인트

타구점은 정점에서 약간 떨어지는 볼을 치는데 이 때 손목 스냅을 이용하여 아래에서 위로 올려주는 느낌으로 볼을 친다.
몸이 뒤로 빠지면서 치는 것이 아니라 공이 맞는 순간 임팩트가 중요하다.
스피드는 느리지만 회전이 강하다.
라켓에 볼이 맞는 면을 넓게 해서 공의 중간에서 아랫쪽을 마찰시키도록 해서 볼의 회전을 줄 수 있도록 한다.

3) 연습방법

(1) 연습법 1

상대에게 쇼트로 받게 하고 변화 없이 들어오는 공을 드라이브로 연속해서 연결하면서 칠 수 있도록 한다.
첫 볼은 회전이 없었으나 자신의 회전 여하에 따라 리턴되어 들어오는 볼이 회전이 되어서 들어오므로 연결을 통해 회전 감각을 익혀보도록 한다.

[사진 3-64] 루프 드라이브 백스윙

[사진 3-65] 루프 드라이브 임팩트

[사진 3-66] 루프 드라이브 폴로 스루

(2) 연습법 2

볼박스를 이용하여 역회전(커트성) 볼을 많이 쳐보도록 해서 감각을 익히도록
한다.

드라이브 건 후 다음볼을 치면 공이 떠가요

회전이 걸린 볼을 상대방이 쇼트로 디펜스 하면 회전이 그대로 실려서 오므
로 약간 위에서 아래로 볼을 쳐야합니다.

10. 서비스(Service)

탁구 기술 중 서비스 기술의 중요도는 경기 승패를 좌우한다 해도 과언이 아니다. 어떤 기술이든 중요하지 않은 기술이 없지만 그 중 서비스의 중요도는 70% 이상 차지한다. 탁구를 잘 친다는 선수들 대부분 서비스연습에 시간을 많이 투자했다고 말하는 것을 볼 수 있다.

서비스는 어느 날 갑자기 잘 되는 것이 아니다. 상대가 없어도 연습이 가능하므로 하루 20분이상 연습을 한다면 실력 또한 향상될 것이다. 연습을 통해 여러 구질의 서비스를 넣을 수 있도록 해야한다. 서비스 변화에 따라 3구, 5구 시스템에도 변화를 가져온다.

1) 서비스의 종류

서비스의 종류는 서버의 자세와 볼을 던졌을 때 높이의 정도, 회전의 방향 그리고 송구에 의해 구분된다.

서버의 자세는 자신이 라켓을 잡고 있는 손 방향에서 넣으면 포핸드 서비스(Forehand Service), 그 반대 편에서 넣으면 백핸드 서비스(Backhand Service)이다. 볼의 회전은 물리적인 이론에 의하면 128가지의 회전을 가지고 있으나 크게 다음과 같은 5가지 정도의 회전으로 구분된다.

여기에서는 대표적인 몇 가지 회전을 배워보고 나머지는 고급편에서 다루어 보도록 하자.

1. 볼의 밑면을 쳐서 넣는 후퇴회전(언더스핀)
2. 정면에서 윗면을 쳐서 넣는 전진회전
3. 라켓방향이 오른쪽에서 왼쪽으로 이동하며 쳐서 넣는 좌회전
4. 라켓방향이 왼쪽에서 오른쪽으로 이동하며 쳐서 넣는 우회전
5. 전혀 회전을 넣지 않는 무회전(Knuckle)

2) 후퇴회전(역회전성) 서비스

후퇴회전(Under Spin)서비스는 공의 밑면을 깊게 파고들어 손목의 스냅을 이용해 후퇴회전(Under Spin)을 강하게 거는 기술이다.

가장 기본이 되고, 가장 많이 사용되는 서비스 기술로서, 상대방의 테이블에 바운드 된 후, 네트방향으로 역회전하게 되는 스핀을 걸어주는 서비스이다.

공이 밑으로 떨어지기 때문에 상대방이 선제공격을 하기 어렵다.

강한 회전을 걸어주고, 네트 앞에 바로 떨어지게 짧게 넣어 줄수록 상대방이 리시브하기 어려워진다.

백사이드 쪽에서 포 사이드를 향해 서비스 준비자세를 취한다.
이때 허리는 앞으로 숙이고, 다리는 어깨 너비로 벌린다.

공을 수직으로 16cm이상 띄우고, 토스한 프리 핸드는 재빨리 뒤로 뺀다.
공이 최고점에서 떨어질 때 공의 아랫부분(6시 방향)을 긁을 준비를 한다.

리켓을 많이 높이고, 백스윙한다

공이 테이블과 가장 가깝게 떨어졌다고 느낄 때 공의 6시 방향을 긁듯이 임팩트한다.

임팩트와 거의 동시에 손목을 가슴쪽으로 꺾으면서 강한 후퇴 회전을 준다.

몸쪽으로 폴로 스루(Follow through)한다.

[사진 3-67] 후퇴회전 서비스 부분별 사진

3) 회전을 넣지 않는 무회전(Knuckle) 서비스

회전을 넣지 않는 무회전(Knuckle) 서비스는 후퇴회전(Under Spin) 서비스와 같은 폼으로 서비스를 넣지만 임팩트시 후퇴회전이 걸리지 않도록 서비스를 넣는다.

무회전(Knuckle)서비스 자체는 리시브하기 쉽고, 플릭으로 공격당하기도 하지만, 역회전 서비스와 같이 섞어서 똑같은 폼으로 넣는다면, 상대 리시브에 혼란을 줄 수 있어서 3구 공격에 효과적이다.

〈회전을 넣지 않는 무회전(Knuckle) 서비스 분석〉

백사이드 쪽에서 포 사이드를 향해 서비스 준비자세를 취한다.
이때 허리는 앞으로 숙이고, 다리는 어깨 너비로 벌린다.

공을 수직으로 16cm이상 띄우고, 토스한 프리 핸드는 재빨리 뒤로 뺀다.
공이 최고점에서 떨어질 때 공의 밑면을 칠 준비를 한다.

후퇴회전 서비스

[사진 3-69] 후퇴회전 연속동작   03. 탁구 초급반 | 153

역회전 서비스와 똑같은 동작으로 백스윙한다.

역회전 서비스를 넣는 동작으로 공의 정면에서 6시 방향 사이를 임팩트한다.
이때 임팩트 시 손목을 움직이지 않고 공의 중하면을 짧게 미는 감각으로 해야 한다.

공을 미는 감각으로 폴로 스루(Follow throuth)할 때,
라켓을 잡은 손에 힘이 들어가 있지 않아야 하고, 폴로 스루는 짧게 한다.

역회전 서비스와 똑같은 동작으로 폴로 스루(Follow through) 한다.

[사진 3-68] 무회전 서비스 부분별 사진

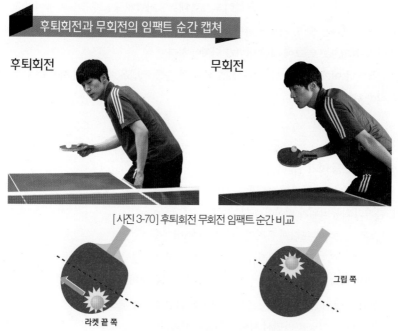

후퇴회전과 무회전의 임팩트 순간 캡쳐

후퇴회전   무회전

[사진 3-70] 후퇴회전 무회전 임팩트 순간 비교

라켓 끝 쪽   그립 쪽

[그림 3-14] 후퇴회전 무회전 임팩트시 볼의 위치

언뜻 보기에는 똑같은 폼같지만, 후퇴회전은 라켓이 무회전보다 더 눕혀져 있고
라켓 끝 부분에서 공의 밑면을 쓸듯이 강하게 임팩트해준다. 무회전은 후퇴회전보다
좀 더 라켓이 세워져 있고 그립쪽에서 임팩트가 이루어진다.

A 선수들은 많은 변화를 주어 넣는 것도 중요하지만 서비스가 길게 흘러나가지 않게 상대 테이블에 투 바운드(Two Bound)로 들어가는 것을 중요시 합니다. 아무리 변화가 좋아도 상대가 연습이 많이 되어 있는 선수라면 서비스가 길게 흘러 나가면 바로 2구째 공격을 해버리기 때문입니다.

1. 회전의 방향과 강도를 다양하게 이용한 변화구가 많아야 한다.
2. 상황에 따라 코스를 다양하게 보낼 수 있어야 한다.
3. 서비스 높이가 낮을수록 어려운 볼이 되므로 네트와 가깝게 넣을 수 있도록 해야한다.
4. 속도에 변화를 줄 수 있도록 한다. 네트와 가깝게 넣으려고 하다보면 회전양이 적어질 수 있으므로 그에 대한 대비가 되어야 한다.
5. 손목이나 어깨에 힘이 들어가지 않도록 해서 손목 스냅을 자유롭게 사용할 수 있어야 한다.

좋은 서비스를 넣기 위한 연습방법
온 몸에 힘을 빼고 편안한 상태를 유지해 주어야 한다.
1. 관절의 가동범위가 넓어야 한다.
   - 손목 스냅이 부드럽게 움직일 수 있도록 스냅연습
2. 토스 후 공이 내려오는 지점을 잘 판단하여 서비스의 높낮이를 조절한다.
3. 회전의 원리를 완전히 터득하고 상대가 2구 공격을 못하도록 넣어야 한다.
   - 상회전, 하회전, 횡회전, 역회전 등 다양한 회전을 이용해야 한다.
4. 이미지 트레이닝을 하면서 서비스 연습을 해야한다.
5. 자신이 보내고 싶은 코스로 볼을 보낼 수 있어야 한다.
6. 원하는 스피드로 보낼 수 있어야 하므로 손의 감각을 이용하여 높이와 속도를 골고루 연습해야 한다.

[사진 3-71] 무회전 서비스 연속동작

7. 같은 스윙에서 다른 변화가 올 수 있도록 페인트 모션을 이용하고 임팩트 순간을 빠르게 해주어야 한다.
8. 공을 짧게 보낼 때는 몸에 가까운 위치에서 타구할 수 있도록 한다.
   - 임팩트 순간에 중심을 실어 주기도 한다.
   - 오른쪽 가슴 높이에서 임팩트하되 공이 떠갈 수 있으므로 중심을 낮추어 주어야 한다.
9. 임팩트 순간 중심이동을 해서 다음 3구 공격이 원활하게 이루어 질 수 있도록 한다.
10. 공이 처음 바운드 되는 위치를 조절하여 서비스를 넣는다.
   긴 서비스를 넣을 때는 토스 후 공이 테이블 가까이 내려왔을 때 엔드라인 가까이에서 공을 쳐야한다.
   짧은 서비스를 넣을 때는 자신의 테이블 네트 가까이서 바운드시켜 공을 보내야 한다.

〈회전별 연습방법〉

- **전진회전** : 전진회전은 속도가 중요하다. 대부분 빠르면서 아주 길게 상대의 깊숙한 코스로 보내서 상대 중심을 흐트러뜨린 후 찬스를 잡는 연습을 한다.
- **사이드회전** : 회전의 방향과 강도를 적절히 조절해서 넣어야 한다. 전진회전과 마찬가지로 사용되며 상대 판단이나 중심을 흐트러뜨리는 역할을 하지만 자주 사용하면 역 공격을 당할 수 있다.
- **역회전** : 회전의 강도조절을 통해서 다음 공격이 볼의 하단 부위를 자르듯이 임팩트하여 볼이 상대방 테이블에서 내쪽으로 다시 돌아오도록 하는 스핀을 보내는 것이 좋다. 역회전이 많은 볼로 상대의 네트에 짧게 또는 길게 구사하여 상대의 2구 공격을 제어시킬 수 있다.

상대가 포핸드 드라이브를 주로 사용하고 풋워크가 좋은 선수라면 짧게 역회전으로 볼을 보내 선제공격을 잡지 못하게 하는 것이 좋다.

상대방이 포핸드와 백핸드 기술이 좋은 셰이크 선수일 경우 미들 짧게 혹은 미들 길게 등 다양하게 변화를 주어 선제공격을 못하게 하는 것이 좋다.

상대가 테이블 가깝게 붙어서 경기하는 전형이라면 포핸드쪽에 커트성이 많이 걸린 회전을 넣어 리시브를 들어 올리게 한 후 다음 볼을 나의 공격으로 전환시킬 수 있도록 한다.

4) 서비스시 주의사항

사진과 같이 볼을 수직이 아닌 자신의 몸쪽이나 뒤쪽으로 토스 하면 반칙이다.

[사진 3-72] 수직토스 반칙

16cm이상

[사진 3-73] 토스높이 반칙

16cm이상 공을 수직으로 띄워야 하며, 16cm의 거리는 손과 공의 최단거리 길이를 말한다.
즉, 손이 높이 올라가면 공은 그 보다 더 16cm이상 올라가야 한다는 뜻이다.

[사진 3-74] 서비스 가리기 반칙

공이 손바닥에서 떨어지면 프리핸드는 재빨리 공과 지주대 사이에서 뒤로 빼야한다.
사진과 같이 리시버와 공 사이에 프리 핸드가 있으면 반칙이다.

[사진 3-75] 임팩트 위치 반칙

테이블 안에서 임팩트하면 반칙이다.

[사진 3-76] 토스시 손의 위치 반칙

탁구대 위에서 토스하면 반칙이다.

[사진 3-77] 손 모양 반칙

손바닥을 오므리고 토스하면 반칙이다.

[사진 3-78] 토스시 손의 높이 반칙

토스하는 손이 탁구대 보다 높은 위치에 있어야 한다.

[사진 3-79] 볼의 위치 반칙

볼이 손바닥 끝에 있는 상태에서 토스하면 반칙이다.

ITTF Hand Book 2014-2015

2.6 THE SERVICE

2.6 올바른 서비스

2.6.1 서비스는 공이 서버의 정지된 프리핸드 손바닥(이 때 손바닥은 펼친 상태여야 한다) 위에 자유롭게 놓인 상태에서 시작되어야 한다.

2.6.2 서버는 수직에 가깝도록 위로 공을 띄우되 회전이 일어나지 않도록 해야 하고, 공이 프리핸드의 손바닥에서 떠난 후 적어도 16cm 이상의 높이로 올라갔다가 방해물에 부딪히는 일없이 내려왔을 때 쳐야한다.

2.6.3 공이 내려오면 서버는 공을 쳐서 서버의 코트에 먼저 닿도록 한다. 그런 다음, 공은 네트 어셈블리 위나 네트 어셈블리를 돌아서 리시버의 코트에 바로 닿아야 하며, 복식 경기 시에는 공이 서버와 리시버의 오른쪽 하프 코트에 연속적으로 닿아야 한다.

2.6.4 서비스가 시작된 순간부터 공이 라켓에 맞는 순간까지, 공은 시합 표면 위와 서버의 엔드라인 뒤에 있어야 하며, 서버나 서버 파트너(복식 경기일 경우) 또는 그들의 착용물이나 소지 물에 의해 공이 리시버에게 가려져서는 안 된다.

2.6.5 서버의 프리 핸드는 볼을 띄운 즉시 공과 네트 사이의 공간에서 치워져야한다.
공과 네트사이의 공간은 공과 네트와의 위쪽으로의 거리에 제한이 없는 것으로 정의한다.

2.6.6 심판 또는 부심으로 하여금 서비스가 해당 규정의 요건을 따르고 있는 지 만족할 수 있도록 서비스하는 것은 서버의 의무이다. 그렇지 못할 경우, 부정 서비스로 판단할 수 있다.

2.6.6.1 심판 또는 부심이 보았을 때 서비스의 적법성이 의심될 경우, 매치의 첫 번째 경우에 한해 시합을 중단시키고, 서버에게 경고를 준다. 그러나 해당 선수 및 그 선수의 복식 파트너가 적법성이 의심스러운 서비스를 반복하게 되면 부정 서비스로 간주한다.

2.6.7 선수의 신체적 장애로 규정 준수가 어려울 경우 심판은 예외적으로 올바른 서비스의 요건을 완화시켜 줄 수 있다.

11. 복식

복식은 두 명의 사람이 한 팀이 되어 경기를 펼치는 것이다.
규칙은 단식과 비슷하지만 몇 가지 다른점이 있다.

1) 복식의 규칙

(1) 서비스는 두 개씩 넣을 수 있으며 서비스를 넣을 수 있는 범위가 정해져 있다.
서비스권을 가진 선수는 항상 오른쪽에서 서비스를 넣을 수 있으며 대각선으로 볼을 보내야 한다.

(2) 서비스를 넣는 순서가 정해져 있다.
1) 경기시작 전 서비스권자를 정하고 그에 따른 리시브권자를 정하도록 한다.
(A가 서비스 시작했을 때)

예시) A,B 선수와 Y,Z선수가 경기를 한다고 가정했을 때 A선수가 처음 서비스를 넣고, 그볼을 Y선수가 리시브한다면 그 다음 Y선수 서비스시 B 선수의 리시브, B 선수 서비스 시 Z선수의 리시브, Z선수의 서비스 시 A선수의 리시브가 된다.

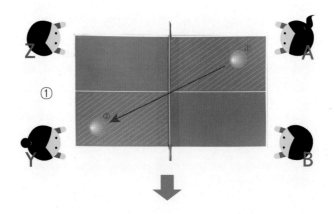

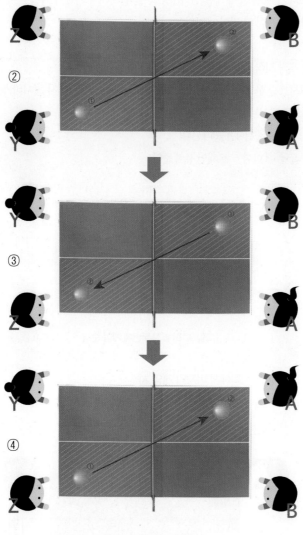

[그림 3-15] 복식 순서

(3) 볼을 번갈아 가면서 한 번씩 쳐야 한다.

　배드민턴처럼 자신의 코스에 오는 볼을 아무나 치는 것이 아니라 한 번씩 번갈아 가면서 쳐야 하기 때문에 많은 움직임이 필요하다. 또한 내가 보낸 볼의 변화가 아니라 내 파트너가 보낸 볼에 대한 변화정도를 잘 인지해서 기술 구사를 해야 하기 때문에 파트너와 호흡이 잘 맞아야 한다.

(4) 두번째 게임 시작 할 때

처음 리시브를 한 Y가 첫 서비스권을 가지게 되고, 상대팀에서 첫서비스를 한 A가 Y의 서비스를 리시브한다.

나머지의 흐름은 위 2번을 따른다.

한게임 끝날 때 마다 코트체인지 해준다.

[그림 3-16] 복식 두번째 게임 순서

(5) 게임 스코어 동점 상황에서 마지막 게임 시

5판 3선승제 복식에서 게임스코어 2 : 2에서 5게임 중 양팀중 한 팀에서 5점에 이르게 되면, 리시버를 체인지해준다.

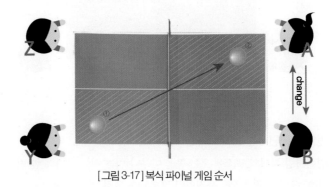

[그림 3-17] 복식 파이널 게임 순서

part 04

04

선수들이 말하는 자신만의 그립법

1. 탁구의 전형

탁구라는 운동은 용품의 변화와 볼의 변화에 따라 각종 전형들이 매우 급격하게 변화하고 있다. 각종 전형들은 융합되고 분리 되면서 서로 독특한 스타일을 만들어 내기도 한다.

현대 탁구는 '빠른 타이밍'과 다양한 기술을 융합해서 사용하는 '올라운드 플레이어'를 요구한다. 그렇기 때문에 전형을 명확하게 구분하기는 어렵지만 탁구에 처음 입문하는 사람은 어느 정도는 자신이 쓰게 될 도구와 전형을 염두에 두고 운동을 하는 것이 좋다.

1) 탁구 전형의 분류

전형이란 자신이 주로 경기력을 펼치게 될 방식을 말한다. 시합 중 다양한 기술 중 주로 득점하는 포인트의 기술들이 자신의 주 전형인 경우가 많다. 테이블 가까이 붙어서 빠른 공격을 하는 사람, 테이블에서 떨어져 파워풀한 공격을 하는 사람, 상대의 볼을 막아내는 것을 즐기는 수비전형을 선호하는 사람들 등 전형이 다양하게 나타난다.

라켓을 선정할 때 어떤 플레이를 할 것인가에 따라 라켓의 선택이 달라진다. 전형을 크게 세 가지로 분류해 보면 첫째, 파워있는 '드라이브 공격형', 둘째, 빠른 스피드의 스매싱을 주로 하는 '전진 속공형', 셋째, 탁구대에서 떨어져서 상대방의 공격을 롱 커트 기술로 수비 해내는 '수비형'으로 나눠진다.

테이블 기준 : 1m 이내를 전진, 1~3m를 중진, 3m 이후를 후진

(1) 공격기술

드라이브, 스매시

(2) 수비기술

- 블록 : 탁구대에 붙어서 상대방의 공격을 받아내는 기술
- 롱커트 : 탁구대에서 멀리 떨어져서 공을 아래로 내려치는 기술
- 로브(로빙) : 전진회전을 걸어서 공을 높이 띄우는 기술과 전진회전을 걸지 않고 높이 띄우는 기술

2) 전형별 도구 선택 기준

전형에 따라 라켓과 러버 사용이 구분된다.

(1) 드라이브 공격형

스피드와 파워를 지닌 드라이브를 구사해야 하기 때문에 하이텐션의 평면 러버를 사용하는 경우가 많다.

(2) 전진 속공형

테이블에 붙어서 빠른 스피드와 날카로운 공격을 하기 때문에 빠르고 낮게 깔려가는 핌플아웃러버(Pimple Out Rubber)를 선호한다.

(3) 셰이크 수비형

커트의 변화로 득점을 얻기 때문에 앞면에는 평면 러버를 사용하고 뒤쪽 러버는 변화구를 만들기 좋은 롱 핌플아웃 러버나 숏 핌플아웃 러버를 선호한다.

3) 전형 선택 시 고려사항

탁구를 처음 시작하게 된다면 자신이 잡게 될 그립을 선택하고 자신에게 맞는 전형을 결정하는 것이 가장 먼저 해야 할 일이다.

자신의 신체조건과 운동신경, 개인의 성향 등을 고려하여 전형을 결정하는 것이 좋다.

(1) 펜홀더

백핸드 공격이 셰이크핸드보다 약하기 때문에 빠르게 움직여 포핸드로 공격해야 하는 경우가 많다. 움직임이 가능하도록 다리가 빠른 사람이 적합하다.

① 펜홀더 드라이브형

- 평면 러버를 붙이고 경기하며 드라이브 기술을 많이 사용하지만 스매시도 적절히 섞어서 구사한다.

② 펜홀더 전진 속공형

- 돌출러버(Pimple Out Rubber)를 붙인 전통적인 속공형이다.

- 볼을 빠르게 공격해야 하므로 임팩트가 좋고 순간 판단력이 빠른 사람이 적합하다.

③ 중국식 펜홀더
- 손목 사용이 많기 때문에 손목이 유연한 사람이 좋다.
- 다양한 각도의 볼과 새로운 기술들을 습득해서 자신의 것으로 만들어야 하기 때문에 모험심과 융통성이 있는 사람들이 배워보는 것이 적합할 것이다.

(2) 셰이크

① 셰이크 드라이브 공격형
- 양면에 평면러버를 붙이고 공격을 시도한다.
- 움직임이 펜홀더에 비해 적고 포핸드, 백핸드 공격력이 강하다.
- 파워가 강한 사람이 적합하다.
- 속공 드라이브와, 중진에서 드라이브를 적절히 섞어서 경기를 한다.

② 셰이크 전진 속공형
- 양면에 각각 다른 러버를 붙여서 경기를 한다.
- 한쪽 면에는 평면러버를 붙이고, 다른 한 면에는 돌출러버(Pimple Out Rubber)를 붙인 스타일이 많다.
- 돌출러버(Pimple Out Rubber)를 붙인 한면 때문에 테이블에서 떨어지는 것이 불리하다.

③ 셰이크 수비형
- 커트를 주로 사용한다.

- 테이블에서 떨어져서 자세를 잡은 후 상대의 드라이브나 스매시를 커트로 받아 내는 전형이다
- 커트에서 공격으로의 전환도 하기 때문에 다리가 빠르고 체력이 좋아야 한다.
- 상대의 공격을 커트로 계속 받아 넘겨야 하기 때문에 인내심이 필요하다.

4) 선수들이 말하는 자신만의 그립법

셰이크 드라이브 공격형 _ 오상은선수

포핸드와 백핸드 전환이 빠르고 양쪽 코스의 볼을 자유롭게 드라이브 걸 수 있는 장점이 있다. 백 드라이브 및 포핸드 드라이브를 적절히 구사 하므로 체력소모가 펜홀더 드라이브 보다 적다.

셰이크핸드는 파워 있는 드라이브 공격 득점이 가능한 것이 장점이다.

단점은 손목 사용이 자유롭지 못해서 몸쪽 볼과 네트 가까이 떨어지는 볼을 처리하는 것이 미흡하나 선수들은 신속한 다리 움직임을 통해 단점을 극복한다.

[사진 4-1] 포핸드 기본자세

[사진 4-2] 오상은 선수 라켓

라켓 : BUTTERFLY VISCARIA FL   러버 : BUTTERFLY TENERGY 05 (포,백핸드)

[사진 4-3] 포핸드 그립 앞

[사진 4-4] 포핸드 그립 뒤

[사진 4-6] 백핸드 그립 앞

[사진 4-5] 백핸드 기본자세

[사진 4-7] 백핸드 그립 뒤

[사진 4-8] 서비스 그립 앞

[사진 4-9] 서비스 그립 뒤

〈오상은 선수가 말하는 자신의 그립법〉

그립은 약간 안쪽으로 꺾어서 잡습니다. 상대가 드라이브 걸었을 때 맞드라이브로 응수하는데 아무래도 눌러주는 힘이 밖으로 잡았을 때보다 회전을 더 눌러줄 수 있어서 그렇습니다.

드라이브 회전같은 경우에도 밖으로 잡았을 때보다 더 힘을 받으니까 그렇습니다. 백핸드를 잡을때도 조금씩 그립이 바뀌기는 하지만 대체적으로 백그립도 안쪽으로 잡습니다. 짧은 볼을 칠 때는 밖으로 잡는 그립으로 바꿔서 잡습니다.

"힘은 엄지 손가락과 검지 손가락에 힘을 많이 주고, 나머지 손가락에는 그렇게 많이 주지 않습니다." 서비스 시 그립도 거의 두 손가락에 힘을 싣습니다.

[사진 4-10] 포핸드 기본자세

[사진 4-11] 최문영 선수 라켓

라켓 : BUTTERFLY DIODE FL
러버 : 포핸드 - BUTTERFLY TENERGY 64, 백핸드 - TSP사 Curl P-1

탁구대의 2~3m 후진의 위치에서 상대가 공격한 볼을 롱 커트로 받아내는 전형이다. 상대방의 실수를 유도하여 득점해야하기 때문에 지구력과 체력, 인내력이 필요하다. 롱 커트는 바운드를 길게 하며, 볼이 높이 뜨지 않게 해야 한다.

공을 치는 임팩트 순간에 구질과 코스를 다양하게 해서 상대의 범실을 유도하도록 한다. 포핸드는 평면러버로 백핸드는 롱핌플 또는 숏핌플을 사용하여 변화를 주는 경우가 많다. 단점은 몸쪽 코스로 빠르게 들어오는 공격 볼을 받아내기가 어렵다. 포핸드와 백핸드 방향을 빠르게 판단하여 수비를 결정해야 한다. 전 · 후, 좌 · 우 움직임이 많기 때문에 체력소모가 많은 전형이다.

[사진 4-12] 포핸드 커트   [사진 4-13] 백핸드 커트

〈최문영 선수가 말하는 자신의 그립법〉

♤ 기본자세

테이블에서 반발자국 정도 떨어진 후 두 다리는 평행으로 두고 무릎을 약간 굽혀 자세를 낮추고 라켓을 들어서 상대방 서비스의 임팩트 높이와 내 라켓과 눈높이를 맞춥니다.

♤ 포핸드커트

포핸드커트는 오른쪽 다리를 움직여서 공에 가깝게 위치를 맞춤과 동시에 라켓을 머리높이로 들어서 스윙이 내려 오면서 볼의 옆부분을 비스듬히 맞추는 기술입니다.

볼을 맞추는 지점은 어깨와 허리의 중간지점에서 볼을 맞춥니다. 볼을 치고나서는 오른쪽 다리에 두었던 중심을 가운데로 옮기며 자연스럽게 기본자세로 돌아갑니다.

[사진 4-14] 포핸드 커트 그립

♤ 백핸드커트

백핸드커트는 왼쪽 다리를 움직여서 공에 가깝게 위치를 맞추고 어깨와 허리의 중간 정도 지점에서 볼을 맞춥니다. 몸에서 가깝게 스윙을 내리며 볼을 치고, 볼을 치는 순간에는 다리가 움직이지 않도록 유지한 상태에서 허리에 힘을 주어서 중심이 흔들리지 않도록 합니다.

손목이 많이 움직이지 않는 상태로 볼이 라켓에 맞는 순간에 임팩트에 힘을 주는 것이 아니라 라켓을 강하게 쥔다는 생각으로 힘을 주면 볼을 더 무겁게 보낼 수 있습니다.

[사진 4-15] 백핸드 커트 그립

일반 수비와 마찬가지로 탁구대의 2~3m 후진의 위치에서 상대가 공격한 볼을 롱 커트로 받아내는 전형이다.

상대방의 실수를 유도하여 득점해야 하기 때문에 지구력과 체력, 인내력이 필요하다. 롱 커트는 바운드를 길게 하며, 볼이 높이 뜨지 않게 해야 한다.

공을 치는 임팩트 순간에 구질과 코스를 다양하게 해서 상대의 범실을 유도하도록 한다. 포핸드는 평면러버로 백핸드는 롱핌플 또는 숏핌플을 사용하여 변화를 주는 경우가 많다.

[사진 4-16] 포핸드 기본자세

단점은 몸쪽 코스로 빠르게 들어오는 공격 볼을 받아내기가 어렵다. 포핸드와 백핸드 방향을 빠르게 판단하여 수비를 결정해야 한다. 전·후, 좌·우 움직임이 많기 때문에 체력소모가 많은 전형이다. 뒷면 숏핌플은 롱 커트시 롱핌플에 비해 컨트롤이 어렵지만, 네트 앞 짧은 볼이 오면 갑자기 공격적으로 푸시 공격을 할 수도 있는, 어렵지만 거의 수비만 하는 롱 핌플에 비해 어느 정도 선택의 다양성을 확보할 수 있다.

[사진 4-17] 이수진 선수 라켓

라켓 : BUTTERFLY DIODE FL
러버 : 포핸드 - BUTTERFLY TENERGY 64, 백핸드 - TSP사 Spectol

〈이수진 선수가 말하는 자신의 그립법〉

기본자세는 보통 수비선수들과는 다르게 공격적인 스타일로 오른쪽 다리를 빼서 잡는 편입니다. 서비스가 길게 오면 한 번씩, 리시브할 때 바로 드라이브를 걸기도 합니다. 기본 그립은 약간 변화를 주기 위해서 빼서 잡는 편입니다. 드라이브 걸 때는 그립을 좀 빼서 걸려고 하며, 커트 할 때는 좀 세워서 감아서 잡는 편입니다. 백커트할 때는 두 종류의 그립법으로 하는데 일자로 할 때는 잡은 상태에서 그대로 그립에 변화없이 하고, 틀 때는 손목을 많이 꺽어서 하는 편입니다. 백서비스 할때도 손목을 많이 틀어서 그립을 잡는 편입니다.

〈이수진 선수가 말하는 자신의 라켓〉

롱핌플은 저한테 너무 안 맞아서 뒤 러버는 일반 평면 러버로 쓰다가, 고등학교때 숏핌플로 바꿨어요. 처음에 라켓은 버터플라이사의 '주세혁'라켓을 쓰고 있었는데, 공격할 때는 감이 괜찮았는데, 커트할 때 너무 잘 나가서 조금 더 안전하게 컷트하기 위해서 다이오드 라켓으로 바꿨구요. 롱핌플은 안써봐서 숏핌플과의 다른 점은 잘 모르겠어요. 한 가지 다른점이 있다면 롱핌플은 강한 공을 받을때 조금 안전하게 받아지는 게 있는데, 숏핌플은 제가 컨트롤 하면서 조절을 해야 해서 조금 힘들긴 하지만 그래도 숏핌플만의 매력이 있습니다.

[사진 4-18] 포핸드 커트 그립

[사진 4-19] 포핸드 커트   [사진 4-20] 백핸드 커트   [사진 4-21] 백핸드 커트 그립

중국식 펜홀더 드라이브 전형 _ 김민호 선수

중국에서 시작된 전형으로 라켓 면 앞 쪽 면에 핌플 러버를 붙여 빠르게 전진속공으로 하기도 하고 평면러버를 붙여서 포핸드와 백핸드 드라이브를 구사하기도 한다.

펜홀더의 장점과 셰이크의 장점을 잘 접목시킨 전형이다. 펜홀더의 그립으로 잡기 때문에 손목의 사용이 자유롭다.

셰이크의 장점인 포핸드와 백핸드의 다양한 드라이브 공격이 가능하지만 셰이크핸드에 비해 백드라이브 파워가 떨어진다. 펜홀더 라켓보다 무게가 나가기 때문에 손목과 팔의 힘이 좋아야 한다. 펜홀더 그립으로 앞면과 뒷면을 모두 사용해야 하기 때문에 갑작스러운 볼이 왔을 때 판단력이 중요하다.

[사진 4-22] 포핸드 기본자세

[사진 4-23] 김민호 선수 라켓

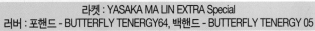

라켓 : YASAKA MA LIN EXTRA Special
러버 : 포핸드 - BUTTERFLY TENERGY64, 백핸드 - BUTTERFLY TENERGY 05

[사진 4-24] 포핸드 스트로크   [사진 4-25] 백핸드 스트로크

[사진 4-26] 포핸드 그립

[사진 4-27] 백핸드 그립

〈김민호 선수가 말하는 자신의 그립법〉

기본자세 : 다리를 어깨 넓이만큼 벌린 다음 사용하는 손 반대 발을 반 발짝 앞으로 둡니다. 무릎은 살짝 구부려주고 상체를 앞으로 숙여서 중심이 앞으로 되게끔 합니다.

포핸드 그립법 : 엄지와 검지로 라켓을 펜을 잡듯이 놓치지 않을 만큼 잡아준 후, 엄지에다 힘을 더줘서 라켓이 흔들리지 않게 잡아준 다음 후면은 나머지 세 손가락으로 손가락이 벌어지지 않게 중지와 약지 손가락이 붙어 있어야 하며 새끼손가락은 라켓에 닿지 않게 약지 손가락에 얹어줍니다.

[사진 4-28] 포핸드 그립

백핸드 그립법 : 포핸드 그립과 잡는 법은 큰 차이가 없지만 손가락에 힘을 주는게 다릅니다. 백핸드는 앞면에 엄지손가락에 힘을 주어서 꾹 눌러준 다음 후면에 중지와 약지에 힘을 주어서 라켓이 공을 칠때 흔들리지 않고 공을 정확히 맞출려면 엄지와 중지, 약지 손가락으로 라켓 흔들림 방지를 위해 꽉 잡아 줍니다.

[사진 4-29] 백핸드 그립

[사진 4-30] 포핸드 기본자세

[사진 4-31] 이은희 선수 라켓

라켓 : BUTTERFLY TIMOBALL SPRIT CS
러버 : 포핸드 - BUTTERFLY FLARESTORM II, 백핸드 - BUTTERFLY FEINT OX

[사진 4-32] 포핸드 그립 앞

[사진 4-33] 포핸드 그립 뒤

〈이은희 선수가 말하는 자신의 그립법〉

| 포핸드 그립법 |

엄지와 검지는 펜을 잡는 듯이 잡아 주고, 검지는 살짝 걸친다는 느낌이어야 하며 엄지 바닥이 라켓에 전체적으로 눌러준다는 느낌으로 잡아 줍니다. 나머지 세 손가락은 라켓 반을 가른 중간부분에 중지가 위치 해야 하고 살짝 구부려 줍니다. 이때 세 손가락이 벌어져서는 안되고 약지는 중지와 함께 라켓을 받쳐 주어야합니다.

| 백핸드 그립 |

[사진 4-34] 백핸드 기본자세

[사진 4-35] 백핸드 그립 앞

[사진 4-36] 백핸드 그립 뒤

| 백핸드 그립법 |

포핸드 그립을 잡은 상태에서 손목을 꺾어 주고 엄지손가락을 떼 줍니다.

엄지를 떼 주되 라켓이 흔들리지 않게 검지 손가락 끝에 힘을 주고 뒷 손가락은
살짝 펴주고 중지 손가락 옆부분에 라켓이 닿으면서 힘을 줍니다.

| 포핸드 그립 |

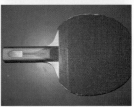

[사진 4-37] 포핸드 기본자세

[사진 4-38] 오해선 선수 라켓

라켓 : BUTTERFLY TIMOBALL ZLF ST
러버 : 포핸드 - BUTTERFLY TENERGY 64, 백핸드 - NITTAKU MORISTO SP

[사진 4-39] 포핸드 그립 앞

[사진 4-40] 포핸드 그립 뒤

〈오해선 선수가 말하는 자신의 그립법〉

| 포핸드 그립법 |

　포핸드 그립 잡을 때 악수하듯이 잡아주고 엄지와 검지는 라켓에 걸쳐 줍니다.

　엄지는 라켓이 흔들리지 않을 정도로 잡아주며 검지는 힘을 줘야 합니다.

　라켓면은 45° 각도로 해 줍니다.

| 백핸드 그립 |

[사진 4-42] 백핸드 그립 앞

[사진 4-41] 백핸드 기본자세

[사진 4-43] 백핸드 그립 뒤

[사진 4-44] 서비스 그립 앞

[사진 4-45] 서비스 그립 뒤

| 백핸드 그립법 |

백핸드 그립 잡을 때는 포핸드와 다르게 약간씩 그립이 바뀝니다. 검지는 흔들리지 않게 잡아주고 엄지는 약간 올려주고 이 때 라켓면이 얇지 않도록 합니다.

팔꿈치와 라켓을 들고 라켓면이 두껍게 맞으면서 라켓 끝이 앞으로 나가줘야 합니다.

伊藤 美誠
ITO MIMA
2000. 10. 21
スターツSC・昇陽中学校
153cm

| 포핸드 그립 |

[사진 4-46] 포핸드 기본자세

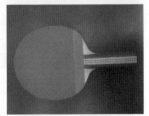

[사진 4-47] ITO MIMA 선수 라켓

라켓 : NITTAKU사 어쿼스틱 카본
러버: 포핸드 - NITTAKU FASTARC G-1, 백핸드 - NITTAKU MORISTO SP

[사진 4-48] 포핸드 그립 앞

[사진 4-49] 포핸드 그립 뒤

〈ITO MIMA(伊藤 美誠)선수가 말하는 자신의 그립법〉

私のグリップは、面を変えやすいです。
たとえば、面を立って打ったり、横にして打ったり
一つのグリップで、面を変えて、たくさんの球種が出せます。

제 그립은 라켓 각도 변환이 쉽습니다.

예를 들면 라켓 각을 세우거나 눕히거나 하나의 그립으로 각을 바꾸면서 많은 구종이 나옵니다.

| 백핸드 그립 |

[사진 4-50] 백핸드 기본자세

[사진 4-51] 백핸드 그립

〈오광헌 선생님의 해설〉

미마선수의 그립 특징은 포핸드, 백핸드를 할때 그립에 변화를 주지 않습니다. 너클을 줄때도 바꾸지 않아도 되어서, 이 그립을 쓴다고 합니다.

平野　美宇
Hirano Miu
2000. 4. 14
JOC エリートアカデミー
157cm
深くにぎるように、
気をつけています。
両ハンドのバランスが
とれるからです。

| 포핸드 그립 |

[사진 4-52] 포핸드 기본자세

[사진 4-53] HIRANO Miu 선수 라켓

라켓 : STIGA CLIPPER WOOD MASTER
러버: 포핸드 – BUTTERFLY TENERGY 05, 백핸드 – BUTTERFLY TENERGY 64

[사진 4-54] 포핸드 그립 앞

[사진 4-55] 포핸드 그립 뒤

〈HIRANO MIU (平野 美宇) 선수가 말하는 자신의 그립법〉

深くにぎるように、
気をつけています。
両ハンドのバランスが
とれるからです。

"깊게 잡을 수 있도록 주의하고 있습니다. 양 핸드의 발란스를 잡아 주기 때문입니다."

| 백핸드 그립 |

[사진 4-57] 백핸드 그립 앞

[사진 4-56] 백핸드 기본자세

[사진 4-58] 백핸드 그립 뒤

〈오광헌 선생님의 해설〉

라켓을 깊게 꽉 잡는다고 합니다.

이유는 양핸드 모든 기술은 물론 연결시 임팩트 순간과 스윙에 흔들림이 없다고 하네요.

선수들의 연습 엿보기

〈 연습 전 준비운동 〉

- 런닝 10분~15분(박자감각 및 리듬감을 키워주기 위해 음악과 함께 하기도 한다.)
- 코스별 스윙연습 : 기능별 코스별 스윙연습

파트 I :기본연습 60분

소요시간	연습 스케줄	연습 포인트
5분	초등학교 1. 포핸드 중 · 고등학교 또는 실업팀 1. 포핸드 2. Fore Drive (포어 +미들+ 백)	- 스윙을 정확하게 하고 연결을 많이 할 수 있도록 한다. - 간단히 몸 풀기 형식으로 연결연습 - 임팩트나 다리 움직임에 중점을 두고 연습한다.
20분	초등학교 저학년은 포핸드 코스별 연습 1. 포핸드+드라이브연습 2. 드라이브 풋워크 3. 포사이드+미들(작은 풋워크) 4. 백사이드 + 미들(작은 풋워크)	- 코스별로 다리자세를 만들어서 칠 수 있도록 하고, 보내고자 하는 코스로 정확하게 보낼 수 있도록 한다. - 집중력이 필요하다. - 주어진 시간 내에 연결을 최대한 많이 할 수 있도록 한다. - 강약조절을 하면서 연습한다.
20분	Foot-Work 저학년 : 포핸드 풋워크 고학년 : 드라이브 풋워크 〈풋워크종류〉 - 백사이드와 미들 풋워크 - 백사이드와 포사이드 풋워크 - 백+미들+포사이드(3스텝) 풋워크 - 백+포사이드+미들+포사이드	- 풋워크를 할 때 라켓이 아래로 처지지 않도록 위로 들고 움직일 수 있도록 한다.

소요시간	연습 스케줄	연습 포인트
10분	쇼트연습 저학년 : 기본 쇼트연습 고학년 : 쇼트와 푸시, 백드라이브 　　　연결연습 중등 및 실업 : 쇼트와 푸시, 백드라 이브의 연결 및 임팩트에 중점을 두고 연습	(응용연습) - 백사이드와 미들사이드로 움직이면서 　쇼트 - 짧은 코스와 긴 코스로 연결해서 　쇼트 및 푸시
5분	초등학교 : 포핸드 및 로빙 볼 연결 　　　　　스매시 중등학교 : 중진에서 맞 드라이브 　　　　　로 마무리	
파트 보강운동	테이블 사이드 돌기 15회 밴드 스윙 50개 윗몸일으키기 30개 하체 스쿼트 20개	

파트 II : 기본연습 60분

소요시간	연습 스케줄	연습 포인트
5분	1. 포핸드	- 스윙을 정확하게 하고 연결을 많이 할 수 있도록 한다.
30분	1. 포핸드+쇼트 or 푸시 2. 드라이브 + 쇼트 3. 포핸드(포사이드) + 포핸드 　 (미들) + 푸시(백사이드) 4. 포핸드(포사이드) + 포핸드 　 (미들) + 포핸드(포사이드) + 　 푸시 (백사이드)	- 코스별로 다리자세를 만들어서 칠 수 있 도록 하고, 보내고자 하는 코스로 정확 하게 보낼 수 있도록 한다. - 집중력이 필요하다. - 주어진 시간 내에 연결을 최대한 많이 할 수 있도록 한다. - 강약조절을 하면서 연습한다.
20분	1. 포핸드 불규칙연습 2. 포핸드+백 불규칙 연습	- 다리 움직임을 할 때 라켓이 아래로 처 지지 않도록 위로 들고 움직일 수 있도 록 한다.

소요시간	연습 스케줄	연습 포인트
5분	초등학교 : 포핸드 및 로빙 볼 연결 스매시 중등학교 : 중진에서 맞 드라이브로 마무리	
파트 보강운동	테이블 사이드 돌기 15회 밴드 스윙 50개 윗몸일으키기 30개 하체 스쿼트 20개	

파트 Ⅲ. 시스템 50분 ~60분

소요시간	연습 스케줄	연습 포인트
5분~10분	1. 포핸드	- 스윙을 정확하게 하고 연결을 많이 할 수 있도록 한다.
40분 ~ 50분 (10분씩 교대로 실시)	3구 5구 System (서버 위주의 연습) 1. 서비스 백 코스로 길게 넣고 공격 - 드라이브 또는 스트로크를 적절 하게 구사 - 3구 처리에 따른 5구 볼 익히기 2. 서비스 백핸드 코스 짧게 넣고 드라이브 3. 서비스 포핸드 코스 짧게 넣고 드라이브	- 한명은 공격 한명은 디펜스 연습 - 서비스의 강약과 변화정도에 따라 볼이 다르게 온다는 것을 주지한다. - 코스를 정해놓고 한다고 미리 움직이지 않도록 하고, 홈 포지션(준비자세)을 꼭 취하도록 연습한다. - 다리움직임 및 자세를 잘 잡아서 칠 수 있도록 연습한다. - 서비스를 짧게 넣고 다시 짧게 오는 볼을 플릭으로 공격하고 불규칙연습 등 상황 을 만들어서 연습

파트 Ⅳ 전술훈련

소요시간	연습 스케줄	연습 포인트
10분	포핸드 및 커트로 감각훈련	- 손의 감각을 익힐 수 있도록 한다. - 강약 조절을 해서 공을 칠 수 있도록 한다.

소요시간	연습 스케줄	연습 포인트
40분 ~ 50분 (10분씩 교대로 실시)	1. 3구+5구 불규칙 연습 2. 2구+4구 불규칙 연습	- 시합 때 가장 많이 나오는 시스템을 만들어서 연습 - 본인이 확실히 득점할 수 있는 시스템을 만들어보기 - 자신이 취약한 시스템 상황을 만들어 보완연습 하기.

파트 V Game

소요시간	연습 스케줄	연습 포인트
5분	포핸드 및 커트로 감각훈련	- 손의 감각을 익힐 수 있도록 한다. - 강약 조절을 해서 공을 칠 수 있도록 한다.

50분 ~ 60분	〈게임의 종류〉
	1. 개인전
	  - 리그전 및 토너먼트
	2. 개인복식 리그전
	3. 변형 단체전
	  - 왕게임(왕자리 차지하기 게임)
	  - 3 man 9 single
	4. 단체전
	  - 4단1복
	  - 5단1복
		- 연습했던 시스템이나 서비스를 시험해 보고 실전감각을 키우는데 중점을 둔다.
		- 연습 조건 및 상황에 맞추어 다양한 게임상황 연습을 한다.
		- 실전상황을 만들기 위해 오디오를 크게 틀어 경기장과 같은 시끄러운 분위기를 만들어 경기하기도 한다.
		〈왕게임〉
		- 묵찌빠와 비슷한 경기이다.
		- 테이블이 한 대일 경우
		방법1. 반대편 테이블은 최고자를 두고 3 포인트를 따면 왕자리로 이동
		방법2. 반대편 테이블은 최고자를 두고 3 포인트를 연속으로 따면 왕자리로 이동
		- 테이블이 여러대일 경우
		방법 1. 테이블 한 대를 왕자리로 지정해 둔다.
		방법 2. 1게임씩을 하고 이긴사람은 오른쪽으로 이동하고 진 사람은 왼쪽 테이블로 이동한다.
		방법 3. 왕 자리에 있는 사람이 졌을 때는 이동하고 이겼을 때는 제자리에 있는다.

파트VI 기본연습 60분

1. 서비스 및 리시브 연습

2. 볼박스를 이용한 부분동작 연습

3. 자신의 장 단점을 보완하고 분석하여 시스템 만들어서 연습

탁구선수들의 보강훈련

1. 근력운동

 - 밴드를 통한 스윙 보강훈련

　배근력 및 미세근력 강화에 효과적

　자신의 근력에 맞춤운동이 가능함

 - 맨몸을 이용한 근력운동 : 하체 스쿼트 및 Sit-up, Push-up 등

2. 심폐지구력 훈련

 - 인터벌 트레이닝

 - 서키트 트레이닝

 - 탁구대 두 대를 붙여서 스텝연습을 겸한 체력훈련

 - 런닝

 - 줄넘기

3. 순발력

 - 탁구대 돌기 : 짧은 잔발로 이루어지는 탁구스텝에 효과적이다.

 - 사이드 스텝 : 중심이동 및 하체훈련에 효과적이다.

 - 잔발 뛰기 : 30초~1분 훈련(뒤꿈치를 들고 할수록 효과적)

훈련일지

민병찬

일 시 : 6월 10일 ~ 20일	장 소 : 중국 산동
훈련목표 : 중국 선수들보다 더 열심히 하기	건강상태 : 아주 좋음

1part : [파트너] 탕 밍   훈련내용 : 기본 연습을 할때 하체와 허리를 많이

쓰고 연결위주로 하고 미스를 안할려고 신경을 많이 쓴다.

정해진 연습을 많이 하는데 특히 화 미들 뺑 이나 두께 두께를 많이 큰다.

그리고 중국 애들은 잘 안떨어진다. 그리고 나는 자꾸 강하게 만 칠려고

해서 미스가 자꾸 많아 지는거 같다.

2part : [파트너] 체력훈련   훈련내용 : 런닝

밖에서 트랙 뛴다 선착순으로 계속 한명이 남을때 까지

3part : [파트너] 가오 주페이   훈련내용 : 시스템

중국 애들은 S·U 넘고 먼저 선제 잡는 연습을 많이 친다. 볼을 확실히

잡고 안정된 자세에서 볼을 친다. 그리고 넘기는 메이 없다. 살릴때도

손목 임팩트로 볼에 힘을 준다. 그리고 B볼을 칠때는 중심이 뒤로 가지

않고 선쪽 앞으로 되밀어야지 B볼을 잡기가 쉬어진다.

4part : [파트너] 왕 제이   훈련내용 : B볼 BOX

반복 연습을 많이 하고 체력적으로 한계가 올때까지 반복적으로 B볼을

친다. B볼 BOX는 미스를 해도 되기 때매 자신 있게 코스 보면서

B볼을 친다.

정신면 : 중국 선수들과 게임들 할때 중국 애들 중에서도 쉽게 꺾기 라는 선수들이 있다. 솔직히 중국 애들이 잘치긴 하지만 그건 모습을 보고 나는 잔졌어도 저러케 되진 말자 라고 생각 했었던 거 같다. 지고 이기고를 떠나서 그런 모습과 행동은 운동 선수 에게는 있어서는 안되는거 같다.

system [주특기 or 오늘 연습한 시스템]

4	5	6	**[설명]**
			내가 S.V을 상대방 6번에 길게 넣으 면
1	2	3	상대방이 다시 나에 1번으로 올리면 그건 들어가서
4	5	6	먼저 공격 한다. 투크) 상대방 5번으로 많이 공격한다.
나 1	2	3	

사자성어

오매불망 : 자나 깨나 잊지 못한다. 촌충생진 : 가슴안에 멍씨가 생긴다.
전전불매 : 잠 을자지 못하고 이리저리 뒤척이다.

영어단어

1. 회계사 : accountant   2. 건축가 : achitect   3. 판매원 : vendor
4. 약사 : Pharmacist   5. 한의사 : oriental   6. 기쁨 : delight
7. 유쾌하다 : alive   8. 어여쁜 : Lomely   9. 눈부신 : dazzling
10. 두근 두근 : Pit ~ Pat

건의사항

없습니다.

선생님 댓글

part 05

05

보강운동

1. 탁구선수들의 보강운동

1) 탁구는 한쪽 방향으로의 스윙이 많은 운동이다.

연습을 시작하기 전 준비 운동이나 끝난 후에 하는 마무리 운동으로, 내 몸에 부족한 부분을 보완하는 것이다.

운동 전에는 몸을 충분히 풀어 주고 근력강화를 해야 하며 운동 후에는 부상예방을 위하여 스트레칭 및 보강운동을 해야 한다.

신체의 불균형을 예방하고 부상을 예방하기 위해서 사용하지 않은 쪽까지 운동을 해주어야 한다.

2) 탁구는 회전근을 많이 사용한다.

어깨 관절을 이루고 있는 뼈들 사이를 통과하는 4개의 근육이 있는데, 4개 근육(극상근, 극하근, 견갑하근, 소원근)의 주요기능은 팔을 안으로 또는 바깥 쪽으로 돌리는 회전기능을 하기 때문에 회전근이라고 부른다.

몸통 견갑골[15]에서 상완골[16]의 근위부로 붙는데 힘줄로 바뀌어 부착되어 단단히 고정된다. 하나의 기관인 것처럼 움직여서 팔의 회전운동을 가능하게 한다.

어깨를 돌리는 역할을 하는 힘줄이며 이러한 어깨를 움직이는 중요한 역할을 하는 4가지 힘줄을 어깨 회전근계라고 한다. 준비운동이나 어깨 근력이 단련되지 않은 상태로 같은 동작을 반복하다 보면 부상이 오는 경우가 많이 있다.

주변 근력 강화를 통해서 회전근계 질환을 예방할 수 있다.

저자가 선수생활을 할 때 코치 선생님께서는 발가락을 지면에 누르고 있는 힘에 따라 회전의 힘이 달라진다고 보고 발가락 힘을 기르기 위한 훈련을 시키셨다. 선수들이 까치발을 들고 앞꿈치 만으로 걷는 훈련을 하기도 했다.

2. 밴드를 이용한 보강운동의 효과

부피도 작고 가벼워서 가지고 다니면서 장소에 대한 제한 없이 언제 어디서 라도 운동을 할 수 있는 밴드는, 웬만한 헬스기구를 통해 운동하는 것만큼 운동효과를 낼 수 있다는 장점이 있다.

탁구선수들 뿐만 아니라 많은 종목의 운동선수들이 밴드를 가지고 보강운동이나 재활운동을 하고 있는데, 탁구라는 종목 특성상 한번에 큰 힘을 발휘하여 스윙을 휘두르기 때문에 특히, 어깨의 보강운동이 반드시 필요하다.

탁구선수들이 밴드를 사용하여 주로 하는 보강운동은 어깨 운동, 손목 운동, 하체 운동이다. 밴드에는 고무로 된 세라밴드와 폴리에스테르, 폴리우레탄으로 된 스포밴드 등이 있다.

---

15) 견갑골 : 〈의학〉 척추동물의 팔뼈와 몸통을 연결하는 등의 위쪽에 있는 한 쌍의 뼈. 같은 말 어깨 뼈. 포유류의 것은 대개 삼각형 이다. 〈출처:국립국어원〉

16) 상완골 : 〈의학〉 어깨와 팔꿈치 사이에 있는 긴 뼈 같은 말 위팔 뼈. 위쪽은 어깨뼈, 아래쪽은 자뼈 및 노뼈와 관절을 이룬다. 〈출처:국립국어원〉

〈밴드 운동의 효과〉

(1) 근력이 작용하는 타이밍 기억에 효과적이다.

근력 증가에도 효과적 이지만 근력을 발휘하게 하는 타이밍을 위한 트레이닝에 효과적이다. 특히 라켓을 움직여서 해야 하는 운동은 타이밍이 중요하므로 기술의 향상 및 타이밍을 좋게 하기 위해 밴드를 사용하면 좋다.

예를 들면 서비스 시 공이 라켓에 맞는 순간, 스트로크를 치는 순간, 드라이브를 하는 순간을 머릿속에 떠올리며 운동을 한다면 타이밍 및 임팩트(공이 맞는 순간)까지도 효과를 얻을 수 있다.

(2) 몸의 회전력이 향상되며 움직임이 가벼워져서 볼을 치는 파워가 향상된다.

(3) 동작의 협응력[17]을 향상시킬 수 있다.

탁구 기술을 습득할 때 라켓의 움직임 뿐만 아니라 다리, 상체, 팔 등의 움직임에도 주의를 해야 하기 때문에 다양한 밴드 움직임 연습을 통해서 각 동작의 협응력[17]을 향상 시킬 수 있다.

(4) 밴드를 이용한 스트레칭을 통해 부상을 예방할 수 있다.

(5) 스윙이 흔들리거나 팔의 움직임이 많은 사람의 스윙을 고정시켜주는 역할을 해준다.

---

17) 협응력 : 몸의 움직임이 얼마나 막힘없고 정확하게 하는가에 대한 신체 각 부분의 조화를 말한다. 즉, 협응력은 몸 전체의 능력을 말한다.

3. 밴드 선택방법

　밴드 색깔에 따라 강도가 다르므로 자신의 근력에 맞는 밴드를 선택하는 것이 좋다. 밴드를 당겼을 때 근육이 약간 긴장하는 정도의 텐션을 선택하는 것이 효과적이다.

〈스포밴드 자료제공〉

[사진 5-1] 스포밴드

밴드명	신장률50%(kg)	신장률100%(kg)	추천대상	추천분야
20	1.6	4.7	어린이, 노인, 환자	스트레칭, 재활, 요가, 필라테스, 에어로빅, GX
25	2.0	5.3	성인여성	
30	2.6	6.3	성인여성, 남성	
35	2.8	7.7	성인여성	근력강화, 트레이닝
45	3.7	8.0	성인남성	
55	4.2	10.3	운동선수(전문가)	

[표 5-1] 스포밴드 규격별 적용분야

밴드 운동방법 및 주의 사항

(1) 최초의 위치에서 고무 밴드를 늘려서 힘을 준다.

(2) 밴드를 당길때는 빠르게 당기고 제자리로 돌아올 때는 동작을 천천히 한다.

(3) 반복횟수는 10~15회 정도, 3Set 실시하고 Set 사이에는 20~30초간 휴식한다.

(4) 반복횟수에 치중하지 말고 자신의 자세를 흐트러지지 않도록 주의해서 자극이
올 때까지 하는 것이 효과적이다.

Tip

반복횟수1 RM(Repetition Maximum)
1회 반복할 수 있는 최대 중량을 해보고 운동 강도를 결정하는 것이 좋다.
▶ 세트 : 점차 운동세트를 늘려가는 것이 좋다.

　무게를 들고 내리는 반복횟수를 10회로 가정했을 때, 자신의 100%의
힘을 주고, 고정하여 완전한 동작으로 10번 정도 하게 되었을 때, 지쳐서
더이상 하지 못하는 정도이다.
　자신이 얼마나 많은 반복 횟수동안 지속적으로 힘을 최대한 유지할 수
있는지 테스트 한 후 계획을 잡는 것이 좋다.

---

(5) 운동을 할 때 향상 시키고자 하는 근력에 집중하고 다른 부위가 움직이지 않도
록 주의한다.

(6) 고정시켜야 하는 신체 부위는 확실하게 고정시키고 운동해야 한다.

(7) 동작은 최대한 천천히 하고 정확한 동작으로 실시하는 것이 좋다.

(8) 한쪽 방향만 한다면 근육이나 자세가 틀어질 수 있으므로 반대방향도 같이 실
시해 주는 것이 좋다.

(9) 자신의 신체 및 체력조건에 따라 밴드운동횟수 및 강도를 정하고 정확한 자세
로 동작을 할 수 있도록 해서 무리가 가지 않도록 한다.

(10) 산소가 근육까지 전달되도록 근력에 자극을 줄 때는 숨을 들이마시고 제자리로 돌아올 때는 숨을 내쉬도록 한다.

(11) 동작의 마지막 단계에서는 약 2초 정도 힘을 버텨주는 것이 좋고, 버티고 있는 동작에서 운동하고자 하는 부위에 자극을 느끼며 운동해야 한다.

4. 탁구에 자주 쓰이는 부위별 근육 명칭 및 역할

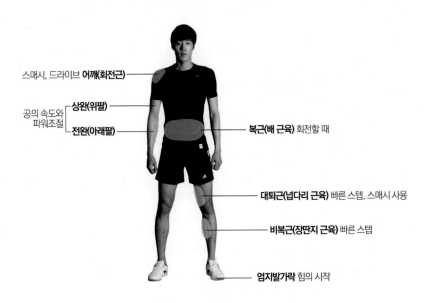

스매시, 드라이브 **어깨(회전근)**

공의 속도와 파워조절 **상완(위팔)** / **전완(아래팔)**

복근(배 근육) 회전할 때

대퇴근(넙다리 근육) 빠른 스텝, 스매시 사용

비복근(장딴지 근육) 빠른 스텝

엄지발가락 힘의 시작

[사진 5-2] 부위별 근육 명칭 및 역할

탁구에 자주 쓰이는 부위별 근육 명칭이다.

기본 자세에서 엄지발가락에 힘을 주면서 힘이 시작 되는데, 좌우 앞뒤 스텝일 때 비복근이 중요하고, 기본 스트로크부터 드라이브까지 엄지발가락을 시작으로 대퇴

근까지 다리의 근육이 지탱을 해주어야 안전하고 탄탄한 스윙이 될 수 있다.

상체는 기본 스트로크부터 드라이브까지 어깨와 상완이 많이 쓰이고, 플릭일 때는 전완을 주로 사용한다.

백스매싱과 백드라이브일 때는 복근의 힘으로 스윙을 해야 하는데, 이때 복근과 등쪽 근육이 안정되어야 탄탄한 백쪽 스윙들이 위력을 발휘한다.

5. 상체 밴드 보강운동

상체 밴드 보강운동은 스윙의 스피드를 높이고 팔의 흔들림을 최소화시켜 줄 수 있는 보강운동이다. 이를 통해서 볼의 정확도가 높아진다.

포핸드 및 백핸드 스매시 및 드라이브 등 큰 동작을 자주 구사하는 경우, 부상을 입지 않도록 주변 근력을 강화시켜 줄 수 있도록 한다.

1) 어깨 앞쪽 보강운동

어깨 앞쪽 회전근은 포핸드로 이루어지는 동작을 할 때 힘이 들어가는 부분이다. 스윙이나 신체 구조 상 힘이 들어가는 부위가 약간의 차이는 있지만 선수들의 경우 자주 다치는 부위이기도 하다. 포핸드 드라이브, 폴로 스루 동작 시 많은 힘이 들어가는데 앞 쪽 회전근이 약해지면 처음 시작에서 폴로 스루 동작까지 힘을 줄 수 없다.

앞쪽 회전근이 강화 된다면 볼의 파워가 강해질 것이다.

[사진 5-3] 어깨 앞쪽 보강운동

(1) 다리는 어깨넓이 만큼 벌리고 밴드 마디에 발을 걸어준다.

(2) 밴드 양 끝을 잡고 팔꿈치는 어깨 높이에서 90°로 구부린 상태로 준비한다.

(3) 밴드를 잡은 손은 손바닥이 전방을 향하도록 하고 양쪽의 무게감이 같게 실리도록 잡아준다.

(4) 호흡을 내쉬면서 밴드 잡은 손을 머리위로 올려준다. 이 때 팔이 완전히 펴질 수 있도록 한다.

(5) 호흡을 들이마시면서 천천히 준비자세로 되돌아온다.

(6) 당긴 동작에서 약 2초간 버틸 때 어깨 앞쪽 근육에 자극을 느끼면서 운동한다.

(7) 같은 동작을 10~15회 반복하고, 이를 1Set로 하여 3Set를 실시하고 Set 사이에는 20~30초간 휴식한다.

(8) 자신의 신체 조건에 따라 Set의 반복 횟수를 조절한다.

2) 포핸드 및 스매시 보강운동

[사진 5-4] 포핸드 및 스매시 보강운동

⑴ 다리는 어깨넓이 만큼 벌리고 밴드 마디에 오른발을 걸어준다.

⑵ 밴드 한쪽 끝을 잡고 팔꿈치는 어깨 높이에서 90° 또는 약간 높게 구부린 상태로 준비한다.

⑶ 상체를 곧게 펴준다.

⑷ 밴드를 잡은 손바닥이 전방을 향할 수 있도록 손목을 회전시킨다.

⑸ 호흡을 내쉬면서 밴드 잡은 손을 왼쪽 눈 앞까지 올려준다. 이때 어깨가 들리지 않도록 주의
해야 한다.

⑹ 호흡을 들이마시면서 천천히 준비자세로 되돌아온다.

⑺ 같은 동작을 10~15회 반복하고, 이를 1Set로 하여 3Set를 실시하고 Set 사이에는 20~30초간
휴식한다.

⑻ 자신의 신체 조건에 따라 Set의 반복 횟수를 조절한다.

3) 드라이브 보강운동

[사진 5-5] 드라이브 보강운동

(1) 다리는 어깨넓이 만큼 벌리고 밴드 마디에 오른발을 걸어준다.

(2) 밴드 한쪽 끝을 잡고 자신의 드라이브 자세 만큼 팔을 내려준다.

(3) 상체를 곧게 펴주며 겨드랑이와 팔 사이 간격은 주먹하나가 들어갈 정도가 좋다.

(4) 밴드를 잡은 손바닥이 전방 또는 바닥을 향할 수 있도록 손목을 회전시킨다.

(5) 호흡을 내쉬면서 밴드 잡은 손을 왼쪽 눈 앞까지 올려준다.

(6) 호흡을 들이마시면서 천천히 준비자세로 되돌아온다.

(7) 같은 동작을 10~15회 반복하고, 이를 1Set로 하여 3Set를 실시하고 Set 사이에는 20~30초간
   휴식한다.

(8) 자신의 신체 조건에 따라 Set의 반복 횟수를 조절한다.

4) 백핸드 쇼트 및 푸시 보강운동

푸시

백핸드 쇼트

[사진 5-6] 백핸드 쇼트 및 푸시 보강운동

⑴ 다리는 어깨넓이 만큼 벌리고 밴드 마디에 왼발을 걸어준다.

⑵ 밴드 한쪽 끝을 잡고 팔꿈치는 어깨 높이에서 90˚ 또는 약간 높게 구부린 상태로 준비한다.

⑶ 상체를 곧게 펴준다.

⑷ 밴드를 잡은 손은 라켓을 잡는 방향으로 잡아준다.

⑸ 호흡을 내쉬면서 밴드 잡은 손을 앞으로 밀어준다. 동작 끝에서 '공을 친다' 생각하고
손목을 써주면 임팩트 순간을 향상시킬 수 있다.

⑹ 호흡을 들이마시면서 천천히 준비자세로 되돌아온다.

(7) 같은 동작을 10~15회 반복하고, 이를 1Set로 하여 3Set를 실시하고 Set 사이에는 20~30초간 휴식한다.

(8) 자신의 신체 조건에 따라 Set의 반복 횟수를 조절한다.

5) 백핸드 드라이브 보강운동

[사진 5-7] 백핸드 드라이브 보강운동A

⟨백핸드 보강운동 A⟩

(1) 다리는 어깨넓이 만큼 벌리고 밴드 마디에 왼발을 걸어준다.

(2) 밴드 한쪽 끝을 잡고 팔을 자신의 백스윙만큼 내려준다.

(3) 상체를 곧게 펴준다.

(4) 밴드를 잡은 손은 라켓을 잡는 방향으로 잡아준다.

(5) 호흡을 내쉬면서 밴드 잡은 손을 명치앞까지 와서 정지했다가 올려줄 수 있도록 한다.

(6) 호흡을 들이 마시면서 천천히 준비자세로 되돌아온다.

(7) 같은 동작을 10~15회 반복하고, 이를 1Set로 하여 3Set를 실시하고 Set 사이에는 20~30초간 휴식한다.

(8) 자신의 신체 조건에 따라 Set의 반복 횟수를 조절한다.

[사진 5-8] 백핸드 드라이브 보강운동 B

〈백핸드 보강운동 B〉

(1) 다리는 어깨넓이 만큼 벌리고 밴드 마디에 왼발을 걸어준다.

(2) 밴드 한쪽 끝을 잡고 팔을 자신의 백스윙만큼 내려준다.

(3) 상체를 곧게 펴준다.

(4) 밴드를 잡은 손은 라켓을 잡는 방향으로 잡아준다.

근육이 단련되면 밴드잡은 손을 아래로 내렸다가 자신의 백스윙만큼 한번에 올려준다.

(6) 호흡을 들이마시면서 천천히 준비자세로 되돌아온다.

(7) 같은 동작을 10~15회 반복하고, 이를 1Set로 하여 3Set를 실시하고 Set 사이에는 20~30초간 휴식한다.

(8) 자신의 신체 조건에 따라 Set의 반복 횟수를 조절한다.

6) 손목 및 전완근 보강운동

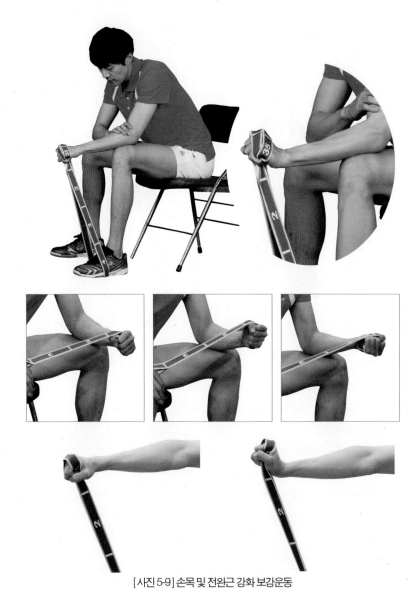

[사진 5-9] 손목 및 전완근 강화 보강운동

그립을 잡아야 하는 탁구는 어느정도의 악력이 필요하다. 보강운동을 통해 팔 근육도 함께 자극이 되도록 해야 한다. 전완 및 손목힘이 좋아지면 서비스 기술을 구사할 때 다양한 구질을 구사할 수 있다.

플릭이나 드라이브같이, 임팩트 순간이 중요한 기술의 파워를 높일 수 있다.

손목 스냅이 필요한 기술에 도움이 되므로 임팩트 향상을 위해서 손목 보강운동을 열심히 해두어야 한다.

(1) 의자에 앉아 다리 위에 팔꿈치를 올려준다.

(2) 자신의 근력에 맞게 밴드 강도를 조정하여 잡아준다.

(3) 팔꿈치는 고정하고 상체가 흔들리지 않도록 한다.

(4) 손목을 옆, 위, 아래 등 방향별로 움직여준다.

(5) 같은 동작을 10~15회 반복하고, 이를 1Set로 하여 3Set를 실시하고 Set 사이에는 20~30초간 휴식한다.

(6) 자신의 신체 조건에 따라 Set의 반복 횟수를 조절한다.

7) 백스윙 향상을 위한 등배근력 보강운동

배근력은 백스윙 시 많이 사용된다.

탁구는 중심이 앞으로 숙인 상태로 공을 치게 된다. 중심이 앞으로 쏠리다 보니 근육 발달이 앞쪽만 치우쳐지는 경우가 있다. 그렇지만 임팩트 시 힘을 주는 동작이나, 백핸드 드라이브, 포핸드 드라이브 등 백스윙을 할 때 등이나 허리에서 백스윙을 정확하게 할 수 있도록 하는 것은 배근력이다.

배근력 보강을 한다면 신체 앞, 뒤 균형이 맞춰지고 좀 더 좋은 기술을 구사할 수 있다.

[사진 5-10] 백스윙 향상을 위한 등배근력 보강운동

(1) 다리는 어깨넓이 만큼 벌리고 양쪽 발에 밴드를 걸어준다.

(2) 무릎은 약간 구부리고 엉덩이는 가능한 뒤쪽으로 밀어낸다.

(3) 상체를 곧게 펴준다.

(4) 발이 바닥에서 떨어지지 않도록 주의한다.

(5) 밴드를 약간 팽팽히 잡아주고 팔꿈치 각도는 90°를 유지한다.

(6) 호흡을 내쉬면서 밴드잡은 손을 끌어당겨서 기립근[18] 근육이 수축하도록 한다.

(7) 호흡을 들이 마시면서 천천히 준비자세로 되돌아온다.

(8) 동작을 할 때 몸이 좌우로 흔들리지 않도록 한다.

(9) 같은 동작을 10~15회 반복하고, 이를 1Set로 하여 3Set를 실시하고 Set 사이에는 20~30초간 휴식한다.

(10) 자신의 신체 조건에 따라 Set의 반복 횟수를 조절한다.

(11) 당길 때는 빠르게 당기고 제자리로 돌아 올 때는 동작을 천천히 한다.

(12) 동작을 할 때는 팔로 당기려고 하기보다는 등쪽 기립근을 조여준다는 느낌으로 당겨준다.

---

18) 기립근 : 척추 기립근 〈의학〉 척추 세움근 (척추의 양옆을 따라 길게 뻗은 강한 근육, 굽힌 몸을 펴게 한다.) (출처 : 국립국어원)

8) 상완삼두근[19] 보강운동

팔뚝에 생긴 불필요한 살을 제거하는데 효과적인 운동이기도 하며, 드라이브를 걸 때 도움을 준다.

[사진 5-11] 상완삼두근 보강운동 A

〈상완삼두근 보강운동 A〉

(1) 양발을 어깨넓이 만큼 벌리고 선다.

(2) 팔은 머리 뒤쪽 90° 각도를 만들어 밴드를 잡아준다.

(3) 숨을 내쉬면서 밴드를 잡은 손을 머리 위로 올려준다.

---

19) 상완삼두근 : 어깨뼈와 위팔뼈의 두 곳 등 세 곳에서 일어나 팔꿈치를 이루는 뼈부분으로 붙어 팔꿈치를 펴는 작용을 하는 근육
  ≒ 삼두박근 (출처 : 국립국어원)

(4) 팔을 뻗은 자세를 2초간 유지한다.

(5) 숨을 들이마시면서 양손을 출발 위치로 내려준다.

(6) 같은 동작을 10~15회 반복하고, 이를 1Set로 하여 3Set를 실시하고 Set 사이에는 20~30초간 휴식한다.

(7) 밴드를 잡은 손이 머리 앞쪽으로 넘어오지 않도록 주의하며 일직선으로 올려줄 수 있도록 한다.

[사진 5-12] 상완삼두근 보강운동 B

〈상완삼두근 보강운동 B〉

(1) 양발을 어깨넓이 만큼 벌려준다.

(2) 밴드를 무릎에 걸치고 양손으로 밴드를 잡아준다.

(3) 숨을 내쉬면서 양손에 잡은 밴드를 몸 뒤쪽으로 밀면서 팔을 편다.

(4) 팔이 완전히 펴진 상태에서 2초간 자세를 유지한다.

(5) 숨을 들이 마시면서 밴드 잡은 손을 출발위치로 돌아오도록 한다.

(6) 같은 동작을 10~15회 반복하고, 이를 1Set로 하여 3Set를 실시하고 Set 사이에는 20~30초간 휴식한다.

(7) 자신의 신체 조건에 따라 Set의 반복 횟수를 조절한다.

⑻ 양 팔꿈치는 몸통에 최대한 붙여 고정시키고 실시하도록 한다.

⑼ 동작을 천천히 실시할 경우 조금 더 효과적인 운동이 될 수 있다.

9) 이두박근 보강운동

[사진 5-13] 이두박근 보강운동

(1) 양발을 어깨넓이 만큼 벌린다.

⑵ 몸통을 편 상태로 양손으로 밴드를 잡아준다.

⑶ 팔꿈치는 몸통에 가깝게 위치하도록 하고 90° 각도를 만들어 준다.

⑷ 팔꿈치를 고정한 상태에서 호흡을 내쉬면서 밴드 잡은 손을 어깨 높이까지 올려준다.

⑸ 이때 1~2초 정도 정지 후에 호흡을 들이마시면서 천천히 시작자세로 내려온다.

⑹ 같은 동작을 10~15회 반복하고, 이를 1Set로 하여 3Set를 실시하고 Set 사이에는 20~30초간
  휴식한다.

(7) 자신의 신체 조건에 따라 Set의 반복 횟수를 조절한다.

10) 복근 보강운동

탁구는 복근의 힘이 없으면 볼에 파워가 약해질 뿐더러 복근의 힘이 받쳐주지 않으면 상체 밸런스가 무너지기 때문에 복근강화 운동을 해주어야 한다.

공을 강하게 임팩트 하는 순간에 복근의 힘이 필요하다.

[사진 5-14] 복근 보강운동

(1) 엉덩이와 무릎은 90°가 되도록 구부리고 누워준다. 밴드를 약간 짧게 잡고 발에 걸어준다.

(2) 숨을 내쉬면서 하체의 반동 없이 그대로 상체를 일으켜준다.

(3) 무릎이 머리에 가까워지면 약 2초정도 자세를 유지한다.

(4) 숨을 들이마시면서 출발자세로 돌아온다.

(5) 같은 동작을 10~15회 반복하고, 이를 1Set로 하여 3Set를 실시하고 Set 사이에는 20~30초간 휴식한다.

(6) 자신의 신체 조건에 따라 Set의 반복 횟수를 조절한다.

(7) 밴드를 사용하기 때문에 좀 더 정확한 자세를 유지할 수 있다.

(8) 목이나 허리 등 불필요한 곳에 힘이 들어가지 않도록 하고 복근쪽에 집중해서 운동하도록 한다.

(9) 상복부에 자극이 가는 훈련이다. 머리를 들어올리며 많이 올라오는 것보다 복부에 강한 수축을 느낄수 있도록 실시한다.

6. 하체 밴드 보강운동

탁구는 손으로 치는 것이 아니라 발로 친다는 표현이 있을만큼 다리 움직임이 중요한 운동이다.

넓지 않은 작은 테이블 이지만 모든 탁구기술을 사용할 때 우선적으로 풋워크로 다리가 먼저 볼에 최대한 가까이 가서 기술을 사용해야 한다.

공을 칠 때 하체 중심은 오랫동안 낮춰져 있으며 발의 거의 앞쪽 부분으로 중심이 가 있다.

선수들은 어릴 때 앞꿈치 만으로 걷는 운동을 하기도 할 정도로 중심이 뒤로 쏠리면 안되기 때문에 허벅지 앞쪽 부분 및 비복근(종아리근육)이 발달되어 있어야 한다. 밴드 운동을 통해서 하체 지구력 및 순발력을 향상시킬 수 있다.

1) 하체 스쿼트(Squat) 보강운동

[사진 5-15] 하체 스쿼트 보강운동

(1) 다리는 어깨넓이 보다 넓게 벌리고 양 발로 밴드를 밟고 선다.

(2) 양 손으로 밴드를 약간 팽팽하게 잡고 선다.

(3) 상체와 하체의 균형을 유지한 상태로 실시하는 것이 중요하다.

(4) 균형을 유지하기 위해서는 머리는 정면을 향하고 등은 똑바로 펴지도록 한다.

(5) 호흡을 들이 마시면서, 무릎이 90°에 가까워 질 때까지 천천히 앉아 준다.

(6) 이 때 무릎이 발끝보다 나오게 되면 무릎에 과도한 힘이 주어지며 부상의 위험이 있으므로 정확한 자세로 실시하도록 한다.

(7) 호흡을 내쉬면서 발의 중간부위로 바닥을 밀어내고 다리를 펴면서 일어선다.

(8) 같은 동작을 10~15회 반복하고, 이를 1Set로 하여 3Set를 실시하고 Set 사이에는 20~30초간 휴식한다.

(9) 자신의 신체 조건에 따라 Set의 반복 횟수를 조절한다.

2) 비복근 보강운동

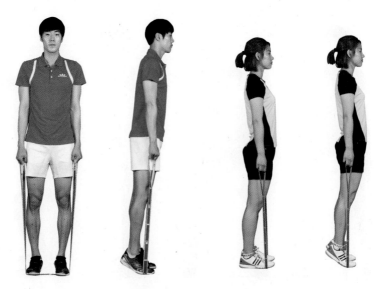

[사진 5-16] 비복근 보강운동

(1) 양발을 어깨넓이로 벌리고 선다.

(2) 밴드를 양발에 걸어주고 밴드를 약간 팽팽한 느낌으로 잡는다.

(3) 숨을 들이쉬며 발뒤꿈치를 천천히 들어준다.

(4) 천천히 종아리에 저항을 느끼며 발뒷꿈치를 내린다.

(5) 발끝을 ㅅ자로 하면 외비복근, v자로 하면 내비복근이 발달한다.

(6) 같은 동작을 10~15회 반복하고, 이를 1Set로 하여 3Set를 실시하고 Set 사이에는 20~30초간 휴식한다.

(7) 자신의 신체 조건에 따라 Set의 반복 횟수를 조절한다.

7. 탁구선수들의 순발력 강화를 위한 보강운동

중국으로 훈련을 다녀온 선수들의 말에 의하면 탁구 강호인 중국은 단순 런닝이나 트랙 뛰기 같은 체력훈련을 지양한다고 한다.

대신 체력 강화 및 순발력 강화를 위해서 볼박스 훈련 및 탁구대 두 대 붙여서 훈련하기, 테이블 돌기 등 탁구와 관련된 훈련으로 체력훈련을 대신한다고 한다.

탁구는 공의 빠르기도 빠르고 고정된 코스가 아닌 다양한 곳으로 오는 공을 쳐야 하는 운동이므로 순발력이 필요한 운동이다.

우리나라 선수들이 한 파트 끝나고 휴식 들어가기 전에 하고 있는 순발력 강화 훈련법 몇 가지를 소개하고자 한다.

1) 테이블 사이드 돌기 보강운동

① A Set

[사진 5-17] 테이블 사이드 돌기 보강운동 A

(1) 라켓을 잡는 손으로 테이블 모서리를 잡아 주도록 한다.

(2) 사이드 스텝을 뛰어서 반대편 테이블 모서리를 손으로 살짝 터치한다.

(3) 왕복 10~20회 정도 실시한다. 3Set 실시하고 Set간 휴식시간은 30초 정도로 한다.

(4) 순발력 향상을 위해서 모서리에 손이 닿는 순간 빠르게 방향 전환을 해주는 것이 좋다.

(5) 움직일 때 하체 움직임을 신속하게 할 수 있도록 하고 상체의 상하이동을 최소화한다.

② B Set

[사진 5-18] 테이블 사이드 돌기 보강운동 B

(1) 라켓을 잡는 손으로 네트 모서리를 잡아 주도록 한다.

(2) 사이드 스텝을 뛰어서 반대편 네트 모서리를 손으로 살짝 터치한다.

(3) 왕복 10~20회 정도 실시한다. 3Set 실시하고 Set간 휴식시간은 30초 정도로 한다.

(4) 순발력 향상을 위해서 모서리에 손이 닿는 순간 빠르게 방향 전환을 해주는 것이 좋다.

(5) 움직일 때 하체 움직임을 신속하게 할 수 있도록 하고 상체의 상하이동을 최소화한다

2) 사이드 스텝 보강운동

[사진 5-19] 사이드 스텝 보강운동

(1) 한쪽 발로 중심을 잡고 선다.

(2) 1m~2m 사이 간격을 정해두고 이동하는 연습을 한다.

(3) 사이드 스텝으로 이동을 할 때 중심을 아래로 낮춰서 착지 하도록 한다.

(4) 무릎 부상이 오지 않도록 중심이 과도하게 앞으로 쏠리지 않게 힘의 배분을 적절히 해주어야 한다.

(5) 바닥에 착지하는 것보다 발을 밀어내는 것에 초점을 두고 한다.

(6) 상체의 상하 이동보다는 하체로 이동하여 중심을 잡을 수 있도록 한다.

3) 탁구대 두대 붙이고 볼박스

　기본 탁구대보다 넓게 움직여야 하기 때문에 지구력을 향상시킬 수도 있고, 테이블을 좀 더 넓게 바라보는 시야를 키울 수 있는 보강운동이다.

　정해진 탁구대에서만 운동하다 보면 본인 스스로 스텝의 한계를 정하게 되는 데 조금 더 넓은 탁구대 구역을 만들어 운동하다 보면 움직임이 조금 더 활발해짐을 느낄 수 있다.

(1) 볼박스를 설치한다.

(2) 움직이는 곳은 탁구대 두대를 붙여서 환경을 만들어 준다.

(3) 혼자 할 수도 있고, 여럿이서 함께 할 수 있는 운동이다.

(4) 볼을 주는 사람은 움직이는 선수의 실력에 맞게 볼의 높낮이 및 스피드를 조절하면서 공을 주도록 한다.

(5) Foot-Work움직임에 중점을 두고 스윙을 정확히 할 수 있도록 한다.

[사진 5-20] 탁구대 두대 붙이고 볼박스

탁구의 역사

　'핑퐁'이라는 이름조차 붙여지지 않은 탁구의 초창기, 영국에서 발견된 그림 속에는 남자는 연미복을 입고, 여자는 이브닝드레스를 입고 나무나 마분지를 사용한 라켓을 들고 탁구를 쳤습니다. 탁구공으로는 고무공이나 거미줄같이 피륙으로 짠 것을 이용했습니다. 그러던 중 1889년 영국의 크로스컨트리 주자였던 제임스 깁(James Gibb)이 미국 여행을 하고 돌아오면서 장난감 셀룰로이드 공을 가지고 왔는데 이때부터 셀룰로이드 공을 사용하면서 탁구는 변화하기 시작했습니다.

　1900년경 깁의 친구 쟈크(Jaques)는 쇠가죽으로 만든 라켓으로 공을 쳤는데 '핑퐁'이라는 소리가 난다고 해서 '핑퐁(Ping Pong)'이라 부르게 되었습니다. 이것이 근대탁구의 시초입니다.

1800년대
- 중세 이탈리아 '필라리스' 또는 15~16세기 프랑스 '라 파옴'에서 유래
- 1889년 셀룰로이드 장난감 공을 영국 내의 경기에서 사용하면서 급속하게 보급

1900년대
- 1902년 세계 최초의 영국핑퐁연맹 조직
- 1926년 국제탁구연맹(ITTF) 창설
- 1927년 제1회 유럽선수권대회 개최
- 1930년 세계 선수권 대회로 발전
- 1945년 조선탁구협회 창설
- 1950년 한국 국제탁구연맹 가입
- 1973년 세계 탁구선수권대회 한국 여자 단체전 우승
- 1988년 서울 올림픽부터 정식 종목 채택

2000년대
- 2000년 탁구공의 크기 38mm에서 40mm로, 무게 2.5g에서 2.7g으로 바뀜
- 2001년 21포인트 선승제에서 11포인트 선승제로 바뀜
- 2014년 국제탁구연맹(ITTF) 코소보 205번째 회원국 승인, 아프리카 말리, 미국령 버진 아일랜드 (US Virgin Islands)를 승인하면서 220개 세계 최다 회원국 보유
- 듀스라는 용어가 없어짐. Ten All로 표기
- 2014년 7월 셀룰로이드 공에서 플라스틱 공으로 변경

한국탁구의 역사

1945.09   조선탁구협회 발족(초대회장 조동식 취임)
1947.07   제1회 전국시도대항 탁구대회 개최
1947.09   제1회 전국 종합 탁구선수권대회 개최
1947.09   대한탁구협회 개칭
1950.04   국제탁구연맹(ITTF) 아시아탁구연맹(ATTF)정회원국 가입
1952.11   제1회 아시아탁구선수권대회 첫 참가(싱가폴)
1954.01   대한체육회 가맹
1955.05   제1회 전국종별탁구 선수권대회 개최
1959.05   제25회 서독 도르트문트 세계탁구선수권대회 여자 단체(은) : 조경자, 위쌍숙, 최경자
1963.02   한국 중ㆍ고등탁구연맹 발족
1964.05   한국실업탁구연맹 발족
1964.09   제7회 아시아탁구선수권대회 서울 개최(장충체육관)
1966.12   제5회 방콕아시아경기대회 남자단식(금) : 김충용 첫 아시아 제패
1968.11   제1회 문교부 장관기 쟁탈 전국남녀종별탁구선수권대회 개최
1972.03   아시아탁구연합(ATTU) 발족
1973.03   아시아탁구연맹(ATTF)이 국제탁구연맹에서 인정 받지 못해 해체
          (한국 아시아탁구기구에서 고립됨)
1973.04   제32회 유고사라예보 세계탁구선수권대회
          여자단체 세계제패(이에리사, 정현숙, 박미라, 김순옥)
1975.04   제1회 국무총리기쟁탈 전국남녀시도대항 탁구대회 개최
1975.05   전국국민학교탁구연맹 발족
1979.04   남북탁구 4차례 회담(판문점)
1979.04   제35회 평양 세계탁구선수권대회 북한측 비자발급 거부로 불참
1979.09   제1회 새마음 봉사단 박총재컵쟁탈전국탁구대회 개최
1980.08   제1회 서울오픈 국제탁구대회 개최
1980.09   문교부장관기대회를 체육부장관기로 개칭
1982.08   제2회 서울 오픈국제탁구대회 개최
1983.01   한국대학탁구연맹 발족
1984.10   제7차 아시아탁구연합(ATTU) 총회에서 정회원국 가입
1985.04   제1회 대통령기 전국시도대항 탁구대회 개최
1985.05   서울 그랑프리마스터즈탁구대회 개최

1986.01	제1회 탁구최강전 개최
1986.09	제10회 서울아시아경기대회 금(3) 획득
	- 남자단체(금) : 김완, 박창익, 안재형, 박지현, 유남규, (이정학)
	- 여자단체(금) : 현정화, 신득화, 양영자, 김영미, 이선
	- 남자단식(금) : 유남규
1987.03	제39회 인도 뉴델리 세계탁구선수권대회 개인복식 우승 : 양영자, 현정화
1987.11	제5회아시안컵 탁구대회 개최(장충체육관)
1988.10	제24회 서울올림픽대회 탁구종목 첫 채택
	- 남자단식(금) : 유남규
	- 여자복식(금) : 양영자, 현정화
	- 남자단식(은) : 김기택
	- 남자복식(동) : 유남규, 안재형
1989.4	제40회 독일도르트문트 세계탁구선수권대회
	- 혼합복식(금) : 유남규, 현정화
1989.09	서울올림픽 1주년 기념 IOC위원장컵 국제탁구대회 개최(우승 : 현정화)
1990.11	제11회 중국북경 아시아경기대회
	- 남자단체(금) : 유남규, 박지현, 문규민, 김택수, 강희찬
	- 여자복식(금) : 현정화, 홍차옥
1990.11	제1회 서울 세계복식컵 탁구대회 개최(장충제육관)
	- 남자우승 : 유남규, 김택수
	- 여자우승 : 현정화, 홍차옥
1991.02	제4차 남북체육회담 개최 제41회 일본지바 세계탁구선수권대회 남북단일팀 구성 합의
1991.03	제41회 세계탁구선수권대회 대비 남북단일팀 합동훈련(1개월)
1991.04	제41회 일본지바 세계탁구선수권대회 남북단일팀(코리아)출전
	- 여자단체(금) : 남한(현정화, 홍차옥), 북한(리분희, 유순복)
1992.09	제25회 바로셀로나 올림픽대회 동메달(5) 획득
	- 단식(2) : 남자 - 김택수 여자 - 현정화
	- 복식(3) : 남자 - 강희찬, 이철승, 김택수, 유남규 여 - 현정화, 홍차옥
1993.05	제42회 스웨덴 외테보리 세계탁구선수권대회 여자단식 우승 : 현정화
1993.06	제1회 코리아그랑프리탁구대회 개최(장충체육관)
1994.07	제2회 코리아그랑프리탁구대회 개최(장충체육관)
1994.12	제12회 일본 히로시마 아시아경기대회
	- 남자복식 : (금) 이철승, 추교성 (은) 유남규, 김택수
	- 남자단식 : (은) 유남규 (동) 김택수
	- 여자복식 : (동) 김분식, 김무교, 박해정, 류지혜
	- 혼합복식 : (동) 유남규, 박해정

1995.05	제43회 중국 텐진 세계탁구선수권대회
	- 남자단체 3위 : 추교성, 이철승, 오상은, 김봉철, 유남규, 김택수, 박상준
	- 여자단체 2위 : 김무교, 류지혜, 박해정, 박경애, 김분식
	- 혼합복식 3위 : 이철승, 류지혜
1995.08	제15대 대한탁구협회장 취임(김찬두 : 두원그룹 회장)
1995.08	미국 애틀란타 월드컵팀탁구대회
	- 남자(우승) : 유남규, 김택수, 이철승, (추교성)
	- 여자(3위) : 박경애, 박해정, 류지혜, (김무교)
1996.07	제26회 미국 아틀란타올림픽 참가 - 남자복식(동) : 유남규, 이철승
	- 여자복식(동) : 박해정, 류지혜
1997.03	제44회 영국 맨체스터 세계탁구선수권대회
	- 남자단체(3위) : 유남규, 김택수, 이철승, 추교성, 김봉철, 오상은, 유승민
1997.09	제6회 아시아청소년탁구선수권대회
	- 남자단체 우승(2연패) : 주세혁, 서동철, 유승민, 김정훈,
1997.09	한 · 중 국가대표정기전 합의(한국 : 박홍기 회장 / 중국 : 서인생 회장)
	- 매년 2회 실시(HOME AND AWAY)
1998.05	한 · 중 국가대표정기전 서울 개최(잠실체육관)
1998.09	한 · 중 국가대표정기전 중국 개최(웨이팡)
1998.10	제13회 아시아탁구선수권대회 - 여자 복식(금) : 류지혜, 이은실
1998.11	제13회 방콕아시아경기대회
	- 남자단식(금) : 김택수
	- 남자단체(은) : 김택수, 이철승, 오상은, 박상준
	- 혼합복식(은) : 오상은, 김무교
	- 여자단체(동) : 박해정, 류지혜, 김무교, 이은실
	- 여자복식(동) : 류지혜, 이은실
1999.02	정기대의원총회에서 법인 설립 결의(99.2.3.)
1999.02	법인설립 창립총회 개최(99.2.3. 사단법인 대한탁구협회 개칭)
1999.04	사단법인 대한탁구협회승인(99.4.12 문화관광부장관)
1999.05	제45회 네덜란드 아인트호벤 개인종목 세계탁구선수권대회
	- 여자단식(동) : 류지혜
	- 남자복식(동) : 김택수, 박상준
	- 여자복식(동) : 박해정, 김무교

1999.09   제7회 인도 첸나이 아시아청소년선수권대회
           - 남자단식(금) : 유승민
           - 남자복식(금) : 유승민, 김정훈
           - 남자단체(은) : 유승민, 김정훈, 윤재영, 이선호
           - 여자복식(동) : 김경하, 문현정
2000.02   세계선수권대회(단체전) (말레이지아(Malaysia) 쿠알라룸푸르)
           - 여자 3위 : 박해정, 류지혜, 김무교, 이은실, 석은미
2000.05   제15회 아시아선수권대회(카타르 도하)
           - 여자복식(금) : 이은실, 석은미
           - 여자복식(은) : 류지혜, 김무교
           - 혼합복식(은) : 김택수, 이은실
           - 남자단식(은) : 김택수
           - 여자단식(동) : 석은미
           - 여자단식(동) : 김무교
           - 혼합복식(동) : 이철승, 유지혜
           - 남자단체(동) : 김택수, 이철승, 오상은, 주세혁, 유승민
           - 여자단체(동) : 류지혜, 김무교, 석은미, 이은실, 김경하
2001.04   오사카 세계선수권대회
           - 남자단체(3위) : 김택수, 이철승, 김봉철, 오상은, 주세혁, 유승민
           - 남자복식(3위) : 오상은, 김택수
           - 여자단체(3위) : 류지혜, 김무교, 이은실, 석은미, 전혜경, 김경하
           - 혼합복식(3위) : 오상은, 김무교
2003.05   파리 세계선수권대회 남자단식 준우승 : 주세혁
2004.08   아테네 올림픽 단식 금메달 : 유승민 / 여자단식 동메달 : 김경아
2008.08   베이징 올림픽 여자단체전 동메달 : 김경아, 당예서, 박미영
2012.08   런던 올림픽 남자단체전 은메달 : 오상은, 유승민, 주세혁
2014.09   인천 아시안게임 남자단체전 은메달 : 주세혁, 이정우, 정상은, 김동현, 김민석
           - 여자단식 동메달 : 양하은
           - 혼합복식 동메달 : 김민석, 전지희
2015.04   쑤저우 세계탁구선수권대회
           - 혼합복식(금) : 양하은, 쉬신(중국)

탁구용어

A

- Advice : 조언, 도움되는 말
- Aerobic Exercise : 유산소 운동(22p)
- All Round Player : 다양한 기술과 전술을 구사하는 선수
- Anaerobic Exercise : 무산소 운동(22p)
- Anti-Spin Rubber : 회전이 걸리지 않는 rubber(43p)
- Appeal : 이의 제기, 소청
- Association : 협회
- Assistant Coach : 보조 코치, 부 코치
- Assistant Umpire : 보조 심판, 부심
- Attack : 공격성 타구, 공격

B

- Backhand Drive : Backhand로 회전을 거는 타법
- Backhand Smash : 라켓을 쥐지 않은 팔의 방향에서 강하게 스윙하는 것(112p)
- Backhand Stroke : 라켓을 쥐지 않은 팔의 방향에서 타구 하는 것
  (오른손잡이는 왼쪽 방향에서, 왼손잡이는 오른쪽 방향에서 타구 하는 것)(97p)
- Back Side : 라켓을 쥐지 않은 쪽의 Court
- Back Swing : 타구하기 전, 준비자세에서 타구하기 위하여 Racket을 뒤로
  빼는 동작(135p)
- Back Spin : 후퇴회전, 하회전, Cut, Chop 이라고도 한다.(50p)
- Bad Manners : 비신사적인 불법행위
- Ball : 무게 2.7g, 직경 40mm. 흰색 혹은 오렌지색의 셀룰로이드 또는
  플라스틱 공(38p)
- Ball control : 공을 다루는 능력(25p)
- Basic Position : 모든 스트로크를 쉽게 구사할 수 있도록 해주는 가장
  기초적인 자세(80p)
- Basic Techniques : 기본기술, 기초기술
- Balance : 균형, 조화

◆ Blocking : 상대가 강한 스매시(Smash)나 강한 회전구로 공격해 올 때 전진해서 방어하는 기술(78p)
◆ Blade : 라켓판 자체(고무가 없는 판)
◆ Both Cut : 쌍방이 탁구대 위에서 서로 cut 하는 것
◆ Bound : 공 등이 튀어오르다 (48p)
◆ Body Work : 몸의 움직임

C

◆ Cadet Championships : 15세 이하의 대회를 말한다. (12월31일 기준)
◆ Call : 심판의 판정에 따른 선언
◆ Center Line : 중앙선 복식 경기 시, 서비스 넣는 구역을 위해 중앙에 그어놓은 선(36p)
◆ Chop : 후퇴회전으로 Cut와 같은 뜻으로 유럽에서는 Cut라는 용어보다 Chop을 즐겨 쓴다
◆ Close Stance : 발의 자세가 탁구대 End Line에 대해서 비스듬히 선 자세를 말한다
◆ Competition : 경기, 시합
◆ Counter Attack : 역습, 반격, 상대의 공격구를 되받아 치는 것
◆ Course : 공이 진행하는 방향
◆ Court : 경기장, 경기 구역
◆ Cross : 대각선 방향을 말한다(90p)
◆ Cross Step : 몸쪽보다 상당히 떨어진 공을 타구 할 때 사용하는 발 움직임(124p)
◆ Cut : 공을 후퇴회전(하회전)을 시켜 치는 타법. Chop과 같음(80p,135p)
◆ Consolation Match : 1회전에서 탈락한 선수를 위하여 만든 번외 경기
◆ Control : 조정, 조절, 억제
◆ Cut Stroke : 공을 후퇴회전 시켜 치는 타법

D

◆ Defence : 수비, 방어하는 것
◆ Defence Style : 수비, 방어하는 것에 치우치는 스타일(176p, 178p)
◆ Deputy Referee : (심판장 대리) 부심판장
◆ Dickey : 등 번호판

◆ Doping Control(Doping Test) : 금지약물 검사

◆ Doubles : 복식경기(164p)

◆ Double Bounce : 탁구대에 공이 두 번 튀어 오르는 것

◆ Double Hit : 공이 라켓에 두 번 닿았을 때. 라켓 핸드 내에서 두 번 맞음

◆ Draw : 추첨, 추첨하다. 승패 없이 비기다

◆ Dribble : 공이 라켓에 두 번 닿았을 때

◆ Drive : 공을 아래에서 위로 회전시키는 타법(79p,140p)

◆ Drop Short : Stop Short와 같이 상대 공의 Speed를 죽여 아래로 떨어지게 하는 타법(78p)

◆ Drop shot : 볼에 역회전(逆回轉)을 주어 상대편 코트의 네트 가까이 떨어뜨리는 타구

◆ Drop Stroke : 라켓각도와 힘을 조절하여 네트 앞에 짧게 떨어뜨리는 타법으로 드롭 또는 스톱이라고 불리운다(Stop Stroke) (78p)

E

◆ Edge : 탁구대 모서리(29P)

◆ End : 끝, 다하는 곳, 탁구에서는 한쪽 코트를 의미함

◆ End Line : 탁구대의 가로 줄

◆ Entry : 출전 선수

◆ Equipment : 장비

◆ Expedite System : 촉진 경기 제도

F

◆ Faint Rubber : 일반적인 고무 보다 연질의 고무

◆ Fake Play : 상대가 생각지 못한, 의표를 찌르는 일종의 속임 수법

◆ Fair Play : 정정당당하게 경기하는 것

◆ Fault : 잘못. 규정 위반

◆ Final : 최종적인. 결승

◆ Finish : 타구를 하고 난 후. 최종적 상태

◆ Flat Stroke : 라켓과 볼이 처음 접촉하는 임팩트(Impact)시 라켓 각도가 거의 90°에 가깝게 세워져 있고 선수가 임의적으로 회전을 가하지 않은 일반적인 타구를 말한다(77p)

◆ Flick : 네트 부근의 짧고 낮은 공을 손목을 이용하여 가볍게 타구 하는 것

◆ Fitness Training : 몸의 기민성, 교차성, 유연성 등을 기르기 위한 운동
◆ Follow through : 공을 치고 난 직후부터 Finish까지의 자연스런 Swing 상태 (72p, 89p, 92p, 144p)
◆ Foot work : 발의 움직임(120p)
◆ Forehand Drive : 라켓을 쥔 팔의 방향에서 Top-Spin을 걸어 타구(스윙) 하는 것(140p)
◆ Forehand Stroke : 라켓을 쥔 팔의 방향에서 전면으로 타구 하는 것(84p)
◆ Forehand Smash : 라켓을 쥔 팔의 방향에서 전면으로 강하게 타구(스윙) 하는 것(108p)
◆ Fore Side : 라켓을 쥔 쪽의 Court
◆ Free hand : 라켓을 쥐지 않은 손
◆ Full Swing : 팔과 몸 전체로 하는 Swing

G

◆ Game : 경기 ("Set" 라고도 하는데 지금은 탁구에서 Set(Set는 배구용어)라는 말은 쓰지 않는다.)
◆ Glue : 접착제(고무풀)(46p)
◆ Glue Test : 접착제 검사
◆ Grip : 라켓을 쥐는 모양, 방법(65p)
◆ Glycolysis : 해당(解糖), 당분해(23p)

H

◆ Half Court : 중앙선을 중심으로 한 좌우 양 구역
◆ Half Volley : 탁구대에 공이 바운드 한 후 정점까지 가기의 절반 정도에서 타구 하는 것
◆ Hand on table : 프리핸드가 탁구대에 닿았을 때
◆ High Tension Rubber : 러버제조회사들이 러버의 표면장력을 높이고 새로운 고무 재질과 스펀지를 조합하여 만들어낸 러버(44p)
◆ High Toss Service : 공을 높이 던져 올려 하는 서비스

I

◆ Image Training : 기술과 전술을 상상으로 생각하며 익히는 훈련법
◆ Impact : 라켓으로 공을 타구하는 순간, 지점(93p)

◆ Individual Game : 개인전(단, 복식 포함)
◆ Interval : 짬, 틈, 사이(시간 상)

J

◆ Junior Championship : 만17세까지의 대회

K

◆ Knuckle : 무회전. 회전이 걸리지 않는(152p)

L

◆ Large ball : 지름44mm, 2.2g, 오렌지색 볼, 초보자도 노약자도 쉽게
  배울 수 있고 많은 랠리가 가능해서 운동효과를 높이기 위해 일본 탁구협회에서
  개발, 사용러버는 핌플아웃러버만 사용(38p)
◆ Light Intensity : 시합표면 높이에서 측정한 조명의 밝기(34p)
◆ Left Spin : 좌회전(타구한 사람의 왼쪽으로 공이 돌아가는 것)(54p)
◆ Let : 경기 중이 아닌 상황. 보통, No-play라고도 한다(규정집-득점하지 못한 랠리)
◆ Lobbing : 탁구대에서 떨어져서 공을 높이 올려 수비하는 기술(79p)
◆ Long Cut : 탁구대에서 멀리 떨어져서 공을 아래로 내려치는 기술(170P)
◆ Long Play : 탁구대에서 떨어져서 길게 Rally 하는 경기 방법
◆ Long Pimple Rubber : 돌출러버와 비슷하지만 돌기가 가늘고 부드러운
  Rubber(44p)
◆ Loop Driver : 공의 아랫면에 라켓을 최대한 격렬하게 마찰시켜 전면으로
  강한 전진회전을 거는 기술(146p)
◆ Love All : 탁구에서 처음 경기 시작할 때, 양 선수가 0:0 이라는 심판의 구호

M

◆ Match : 단체전이나 개인전에서 5게임 또는 7게임을 묶어서 1 Match라고 한다
◆ Match Point : 경기가 끝나기 직전 최후의 1점을 말한다
◆ Middle : 탁구대의 중앙 또는 경기자의 몸 쪽을 말한다
◆ Mixed Doubles : 혼합복식(남녀)
◆ Moved Table : 탁구대를 움직였을 때 (실점이 된다)

N

◆ Net Assembly : 네트와 지주를 포함한 전체를 말한다. 양 지주 사이의 길이는
   183cm이고, 높이는 15.25cm이다(36p)
◆ Net Play : 네트 근처의 짧고 낮은 공을 처리하는 기술
◆ Noise ball : 시각장애인용 공으로 움직일 때 나는 소리로 공의 움직임을
   인지할 수 있도록 했다. 3개의 납 알이 들어있다(38p)

O

◆ Obstructs : 방해. 방해물
◆ Official Ball : 공인구
◆ Open Hand Service : 손바닥을 펴고 넣는 서비스
◆ Open Stance : End line과 평행으로 서 있는 발의 자세
◆ Orthodox Rubber : 스폰지가 없는 한 장 짜리의 얇은 천연 돌출 Rubber(43p)

P

◆ Pair : 복식에서의 짝. 한 쌍
◆ Penalty : 반칙의 벌점
◆ Penholder : 라켓을 pen을 쥐듯이 쥐는 Grip(74p)
◆ Pimple Out Rubber : 표면에 돌기가 나와 있는 고무(42p)
◆ Pivot : 중심축. 축으로 회전하다
◆ Playing space : 경기 공간, 길이 14m, 폭 7m, 높이 5m 이상의 직사각형
   (29p, 31p, 33p)
◆ Playing Venue : 탁구경기 및 관련된 활동을 위해 사용되는 건물의 부분(33p)
◆ Practice : 연습, 훈련
◆ Push Short : Backhand로 공을 앞으로 강하게 미는 기술(104p)

Q

◆ Qualifying Stages : 예선경기
◆ Quarter Final : 준준결승. 8강전

R

- ◆ Racket Control : 라켓검사
- ◆ Racket Covering : 라켓판에 붙이는 고무
- ◆ Racket Hand : 라켓을 쥔 손
- ◆ Rally : 테니스.탁구,배구 등 코트 경기에서 공 또는 셔틀콕을 한쪽이 되받아 치는 것에 실패할 때까지 번갈아가며 네트 너머로 보내거나 벽에 치는 연속된 스트로크(29p)
- ◆ Random : 불규칙적인, 닥치는 대로
- ◆ Ready : 경기를 시작하기 전, 준비하라는 심판의 구호
- ◆ Ready Position : 모든 스트로크를 쉽게 구사 할 수 있도록 해두는 가장 기초적인 자세
- ◆ Receive : 서비스를 받는 것, 제2구
- ◆ Receiver : 서비스를 받는 사람
- ◆ Referee : 심판장
- ◆ Relaxation : 이완, 정신적·육체적으로 쉬게 하다
- ◆ Return : 되돌려 치는 것
- ◆ Right Spin : 우회전(타구한 사람의 오른쪽 방향으로 공이 돌아가는 것)(53p)
- ◆ Round Racket : 원형 라켓
- ◆ Rubber : 라켓에 붙이는 고무를 말한다 (42p)
- ◆ Rule : 규칙, 규정

S

- ◆ Sandwich Rubber : 스폰지와 돌출 Rubber를 붙여서 만든 러버
- ◆ Seam : 탁구공의 경계선, 상층부와 하층부의 접합면(37p)
- ◆ Server : 서비스를 넣는 사람
- ◆ Service : 주다, 공급하다, 탁구경기에서 제1구(149p)
- ◆ Seed : 대진표 작성시 강자(팀)를 최종에 대전하도록 나누어 짜는 것
- ◆ Score Sheet : 점수 기록지. 경기결과 기록지
- ◆ Semi Final : 준결승전
- ◆ Shadow Play : 실전을 염두에 두고, 실전처럼 움직이며 공 없이 타구해 보는 연습 방법
- ◆ Shakehand : 라켓을 악수하듯 쥐는 모양(40p)

◆ Short : Backhand로 짧게 밀거나 치는 타법(78p)

◆ Side Line : 탁구대의 세로 줄

◆ Side Spin : 횡회전. 공의 측면을 스쳐 쳐서 회전을 거는 타법

◆ Simulation Action : 가장 행위, 흉내 내는 것

◆ Singles : 단식

◆ Singles Step : 1보 이동하면서 적절한 타구점이 얻어지는 발의 움직임(121p)

◆ Sky Service : High Toss Service와 같음

◆ Smooth Rubber : 표면이 매끈매끈한 평면 Rubber

◆ Soft Rubber : Smooth Rubber와 같음

◆ Sponge Rubber : 해면체로 된 Rubber. 1950년대에 일본에서 처음 나옴

◆ Smash : 강타. 가장 강하게 치는 것(79p)

◆ Spin : 회전. 공에 회전을 걸다(49p)

◆ Spin Stroke: 라켓의 각을 만들어 볼의 밑 부분 또는 윗 부분의 힘을 주어 공에
변화를 줄 수 있는 타법(77p)

◆ Square Racket : 각형 라켓, 펜홀더 그립으로 주로 아시아 지역에 많다

◆ Stance : 발의 자세

◆ Step Back : 타구 후 발을 뒤로 빼는 동작

◆ Straight : End Line에 대하여 직선코스

◆ Stop Short : Backhand로 공이 앞으로 나가지 않게 짧게 치는 타법,
Block Short 이라 고도 한다(78p)

◆ Stroke : 공을 치는 것(76p)

◆ Stroke Counter : 촉진제도 시행 시 리시브의 스트록 횟수를 헤아리는 사람

◆ Style : 전형. 전법의 모양을 일컫는 말(169p)

◆ Stretching : 근육의 긴장을 풀어주고, 피로회복을 위한 준비, 정리운동

◆ Support : 네트를 지탱하고 있는 지주

◆ Swift Attack : 테이블에 붙어서 한박자 빠른 스피드로 공격하는 것
-전진속공 (171p)

◆ Swing : 라켓을 흔드는 것. 공을 치는 동작(60p)

T

- ◆ Table : 탁구대. 길이 274cm, 폭 152.5cm, 높이 76cm의 목재로 만들어짐, 윤이 나지 않는 어두운 색깔로 되어짐(36p)
- ◆ Tactics : 전술. 전법
- ◆ Team Match : 단체전
- ◆ Team Event : 단체경기
- ◆ Technique : 기술
- ◆ Ten All : 10:10 스코어 연속 2점을 따야 경기가 끝난다
- ◆ Time Out : 경기 중 선수나 코치가 휴식 혹은 작전지시를 위해 갖는 1분간의 시간
- ◆ Top Spin : 공의 윗면을 앞으로 스쳐 회전을 걸어 빠르게 전진하도록 하는 타법
- ◆ Top Stroke : 공의 윗면을 치는 타법
- ◆ Toss : 서비스나 엔드를 결정하기 위하여 심판이 Tack을 던져 올리는 것
- ◆ Touch Net : 서비스 시 공이 네트에 닿았을 때
- ◆ Toweling : 땀을 닦는 것. (현재 매 6점마다)
- ◆ Trimming : 라켓의 가장자리에 손상을 막기 위해 붙이는 테이프 등의 부품

U

- ◆ Umpire : 심판, 주심
- ◆ Under Spin : 후퇴회전, 하회전, Cut, Chop 이라고도 한다(150p)

V

- ◆ Volley : 공이 탁구대에 바운드 하기 전에 치는 것

W

- ◆ Wrist Work : 손목의 움직임
- ◆ Wrong Player : 복식경기 시 순서대로 공을 치지 않았을 때
- ◆ Wrong Side : 복식경기 시 서비스한 공이 다른 하프코트에 떨어졌을 때

[셀탁족을 위한 콕! 찍어보는 탁구비법-기초편]출판에 도움을 주신 분들

모델   양대근(서울시청)   김민호(서울시청)
       최문영(단양군청)   오상은(KDB대우증권)
       이수진(KDB대우증권)   오해선(단양군청)
       이은희(단양군청)   박시현(미성초등학교)
       ITO MIMA(일본 대표팀)   HIRANO MIU(일본 대표팀)

도움 주신 분들   서울시청 감독 양현철
                서울미성초등학교 감독 고경아
                일본 여자 탁구 국가대표팀 코치 겸 주니어 감독 오광헌

용품 협찬   (주)시넥틱스그룹
           한울스포츠
           (주)온스타스 - 위프와프
           스포밴드 주식회사

장소 협찬   서울시청 탁구팀
           서울미성초등학교

셀탁족을 위한 콕! 찍어보는 탁구비법 - 기초편 별책부록

2016 ITTF Hand Book - Release 2 번역본

초판 1쇄 인쇄 2015년 8월 01일
초판 1쇄 발행 2015년 8월 06일
초판 2쇄 인쇄 2016년 8월 01일

펴낸곳 (주)아리수에듀
출판신고 제2016-000019호

바로세움은 (주)아리수에듀의 출판 브랜드입니다.

주소 서울시 관악구 은천로 10길 25, B1(봉천동)
전화 02)878-4391
팩스 02)878-4392
홈페이지 www.arisuedu.co.kr

2016
ITTF Hand Book
Release 2

바로세움

CONTENTS

제2장 The Law of Table Tennis
탁구 규칙

2.1 THE TABLE 테이블

2.1.1 The upper surface of the table, known as the playing surface, shall be rectangular, 2.74m long and 1.525m wide, and shall lie in a horizontal plane 76cm above the floor.

(탁구) 테이블의 위쪽 표면(상판)은 길이 2.74m, 넓이 1.525m인 직사각형이어야 되고 수평으로 바닥에서 76cm 떨어져 있어야한다.

2.1.2 The playing surface shall not include the vertical sides of the tabletop.

시합표면은 테이블 옆면을 포함하지 않는다.

2.1.3 The playing surface may be of any material and shall yield a uniform bounce of about 23cm when a standard ball is dropped on to it from a height of 30cm.

테이블 표면은 어느 물질로 구성되어도 상관없고, 공

이 30cm 위에서 떨어졌을 때 약 23cm이상 균일하게
튀어 올라야한다.

2.1.4 The playing surface shall be uniformly dark
coloured and matt, but with a white side line, 2cm
wide, along each 2.74m edge and a white end line,
2cm wide, along each 1.525m edge.
탁구 테이블의 표면은 균등하게 어두운색 이어야 되
고 광이 나지 않아야 한다. 단, 세로로 각 가장자리로
부터 2.74m, 가로로 1.525m인 폭2cm의 흰색라인이
있어야 된다.

2.1.5 The playing surface shall be divided into 2 equal
courts by a vertical net running parallel with the end
lines, and shall be continuous over the whole area of
each court.
탁구테이블은 끝의 라인에 평행하게 수직으로 균등하
게 2개의 코트로 나눠져야 되고 각 코트에 끊김 없이
이어져야 된다.

2.1.6 For doubles, each court shall be divided into 2
equal half-courts by a white centre line, 3mm wide,
running parallel with the side lines; the centre line
shall be regarded as part of each right half-court.

복식을 위해선, (각) 코트가 사이드라인과 평행한 폭 3mm의 흰색 센터 라인에 의해 균등하게 2개로 나눠져야 한다.

2.2 THE NET ASSEMBLY 탁구 네트어셈블리

2.2.1 The net assembly shall consist of the net, its suspension and the supporting posts, including the clamps attaching them to the table.
네트 어셈블리는 네트, 지주대, 지주봉으로 구성되며 탁구대에 부착하는 죔쇠도 포함한다.

2.2.2 The net shall be suspended by a cord attached at each end to an upright post 15.25cm high, the outside limits of the post being 15.25cm outside the side line.
네트는 양쪽 끝에 부착하는 높이 15.25cm의 수직봉에 연결한 코드를 이용하여 설치하며 수직봉의 외부 한계는 사이드라인으로 부터 15.25cm이어야 한다.

2.2.3 The top of the net, along its whole length, shall be 15.25cm above the playing surface.
네트의 높이는 전체적으로 표면에서부터 15.25cm 이어야한다.

2.2.4 The bottom of the net, along its whole length, shall be as close as possible to the playing surface and the ends of the net shall be attached to the supporting posts from top to bottom.

네트의 밑바닥은 전체적으로 그리고 최대한 표면에 가까워야 하고 네트의 양쪽 끝은 지주봉의 아래부터 위까지 붙어 있어야 한다.

2.3 THE BALL 탁구공

2.3.1 The ball shall be spherical, with a diameter of 40mm.

탁구공은 지름 40mm의 구체여야 한다.

2.3.2 The ball shall weigh 2.7g.

탁구공은 무게가 2.7g 이어야 한다.

2.3.3 The ball shall be made of celluloid or similar plastics material and shall be white or orange, and matt.

탁구공은 셀룰로이드나 이와 유사한 플라스틱 물질로 만들어져야 하고, 흰색이나 주황색이어야 되고 무광 이어야 한다.

2.4 THE RACKET 탁구라켓

2.4.1 The racket may be of any size, shape or weight but the blade shall be flat and rigid.
탁구라켓은 크기, 모양, 무게는 상관없지만 블레이드는 평평해야 되고 단단해야 된다.

2.4.2 At least 85% of the blade by thickness shall be of natural wood; an adhesive layer within the blade may be reinforced with fibrous material such as carbon fibre, glass fibre or compressed paper, but shall not be thicker than 7.5% of the total thickness or 0.35mm, whichever is the smaller.
적어도 블레이드 두께의 85%는 원목이어야 한다; 블레이드의 85%는 적어도 원목으로 구성되어야 한다. 블레이드의 접착 층은 탄소섬유, 유리섬유 혹은 압축용지로 강화할 수 있지만 전체두께의 7.5% 또는 0.35mm를 초과해서는 안 된다.

2.4.3 A side of the blade used for striking the ball shall be covered with either ordinary pimpled rubber, with pimples outwards having a total thickness including adhesive of not more than 2.0mm, or sandwich rubber, with pimples inwards or outwards, having a total thickness including adhesive of not more than 4.0mm.

볼을 치는 면은 접착제를 포함하여 2.0mm 이하의 돌기가 밖으로 향해있는 핌플러버를 씌우거나 또는 돌기가 안으로 향한 것이든 밖으로 향한 것이든 접착제를 포함하여 4.0mm 이하의 샌드위치식 고무를 씌운다.

2.4.3.1 Ordinary pimpled rubber is a single layer of non-cellular rubber, natural or synthetic, with pimples evenly distributed over its surface at a density of not less than 10 per cm² and not more than 30 per cm².

돌출 고무는 천연 또는 합성으로 조직이 성기지(뜨지) 않는 형태의 단층의 고무이며, 돌기가 표면에 고르게 분포된 것으로 밀도는 스퀘어 cm²당 10이상 30미만 이어야 한다.

2.4.3.2 Sandwich rubber is a single layer of cellular rubber covered with a single outer layer of ordinary pimpled rubber, the thickness of the pimpled rubber not being more than 2.0mm.

샌드위치 고무란 조직이 성긴 단일 층의 고무에 두께가 2mm 이내의 돌출 고무의 한쪽 면으로 덮여 있는 것을 말한다.

2.4.4 The covering material shall extend up to but not beyond the limits of the blade, except that the part nearest the handle and gripped by the fingers may be left uncovered or covered with any material.

커버링은 판 전체를 덮되 판보다 커서는 안된다. 단, 손잡이 가까이 손가락으로 잡히는 부분은 아무것도 붙이지 않거나 혹은 어떤 재료를 붙여도 상관없다.

2.4.5 The blade, any layer within the blade and any layer of covering material or adhesive on a side used for striking the ball shall be continuous and of even thickness.

판, 판 내부의 모든 층, 커버링 층, 접착제 등은 모두 균일한 두께가 되도록 한다.

2.4.6 The surface of the covering material on a side of the blade, or of a side of the blade if it is left uncovered, shall be matt, bright red on one side and black on the other.

판의 커버링을 한 면 혹은 커버링을 하지 않는 면은 무광의 밝은 적색으로 하고 다른 쪽은 검정색으로 한다.

2.4.7 The racket covering shall be used without any

physical, chemical or other treatment.

탁구 라켓의 덮개는 물질적이나, 화학적 혹은 기타 가공을 하지 않고 사용해야 한다.

2.4.7.1 Slight deviations from continuity of surface or uniformity of colour due to accidental damage or wear may be allowed provided that they do not significantly change the characteristics of the surface.

우발적인 손상이나 마모로 인해 라켓의 색상 혹은 표면에 약간의 변형이 생겼을 경우. 표면의 특성에 심각한 변화를 가져오지 않는 이상 그 사용을 허용한다.

2.4.8 Before the start of a match and whenever he or she changes his or her racket during a match a player shall show his or her opponent and the umpire the racket he or she is about to use and shall allow them to examine it.

시합을 시작할 때나 시합 중 라켓을 바꿀 때는 언제나 심판과 상대방 선수에게 사용하려는 라켓을 보여주어 검사 할 수 있게 한다.

2.5 DEFINITIONS 용어의 정리

2.5.1 A rally is the period during which the ball is in

play.
랠리(rally)란 공이 경기 중에 있는 기간을 말한다.

2.5.2 The ball is in play from the last moment at which it is stationary on the palm of the free hand before being intentionally projected in service until the rally is decided as a let or a point.

공이 경기 중에 있는 것은 서비스를 하기 위해 의도적으로 공을 놓기 전, 라켓을 쥐지 않은 손의 손바닥 위에 공이 마지막 정지한 순간에서부터 렛(let)이나 포인트로 랠리가 끝날 때까지 이다.

2.5.3 A let is a rally of which the result is not scored.
렛(let)은 득점하지 못하는 랠리를 말한다.

2.5.4 A point is a rally of which the result is scored.
포인트는 득점이 이루어진 랠리를 말한다.

2.5.5 The racket hand is the hand carrying the racket.
라켓핸드는 라켓을 잡는 손을 말한다.

2.5.6 The free hand is the hand not carrying the racket; the free arm is the arm of the free hand.

프리핸드는라켓을 잡지 않는 손을 말하며 프리암은 프리핸드 쪽의 팔을 말한다.

2.5.7 A player strikes the ball if he or she touches it in play with his or her racket, held in the hand, or with his or her racket hand below the wrist.

선수가 경기중에 손에 쥔 라켓이나 라켓 핸드의 손목 아래 부분으로 공을 건드리면 이는 공을 친 것으로 된다.

2.5.8 A player obstructs the ball if he or she, or anything he or she wears or carries, touches it in play when it is above or travelling towards the playing surface, not having touched his or her court since last being struck by his or her opponent.

상대선수가 친공이 시합 표면을 향하고 있을 때, 그 공이 자신의 코트에 닿기 전에 자신 또는 자신이 착용, 소지하고 있는 어떤 것으로 볼을 건드리면 이는 볼을 방해한 것이다.

2.5.9 The server is the player due to strike the ball first in a rally.

서버란 랠리에서 공을 먼저 치게 되어있는 선수를 말한다.

2.5.10 The receiver is the player due to strike the ball second in a rally.

리시버란 랠리에서 공을 두 번째 치는 선수를 말한다.

2.5.11 The umpire is the person appointed to control a match.
심판은 시합을 통제하도록 임명된 사람이다.

2.5.12 The assistant umpire is the person appointed to assist the umpire with certain decisions.
부심은 심판의 결정을 보좌하기 위해 임명된 사람이다.

2.5.13 Anything that a player wears or carries includes anything that he or she was wearing or carrying, other than the ball, at the start of the rally.
선수가 착용, 소지하고 있는 물품이란 랠리 시작 시에 선수가 입고 있거나 소지하고 있는 모든 것, 공을 제외한 모든 것을 말한다.

2.5.14 The end line shall be regarded as extending indefinitely in both directions.
엔드라인은 양방향으로 무한정 확대되는 것으로 간주한다.

2.6 THE SERVICE 올바른 서비스

2.6.1 Service shall start with the ball resting freely on the open palm of the server's stationary free hand.

서비스는 공이 서버의 정지된 프리핸드 손바닥(이 때 손바닥은 펼친 상태여야 한다) 위에 자유롭게 놓인 상태에서 시작되어야 한다.

2.6.2 The server shall then project the ball near vertically upwards, without imparting spin, so that it rises at least 16cm after leaving the palm of the free hand and then falls without touching anything before being struck.

서버는 수직에 가깝도록 위로 공을 띄우되 회전이 일어나지 않도록 해야 하고, 공이 프리핸드의 손바닥에서 떠난 후 적어도 16cm 이상의 높이로 올라갔다가 방해물에 부딪히는 일 없이 내려왔을 때 쳐야한다.

2.6.3 As the ball is falling the server shall strike it so that it touches first his or her court and then touches directly the receiver's court; in doubles, the ball shall touch successively the right half court of server and receiver.

공이 내려올 때 서버는 공이 자신의 코트에 먼저 닿도록 한 후 리시버의 코트에 곧 바로 닿도록 공을 쳐야

한다. 복식에서는 공이 서버와 리시버의 오른 쪽 하프
코트에 연속적으로 닿아야 한다.

2.6.4 From the start of service until it is struck, the ball
shall be above the level of the playing surface and
behind the server's end line, and it shall not be hidden
from the receiver by the server or his or her doubles
partner or by anything they wear or carry.
서비스가 시작된 순간부터 공이 라켓에 맞는 순간까
지, 공은 시합 표면 위와 서버의 엔드라인 뒤에 있어
야 하며, 서버나 서버 파트너(복식 경기일 경우) 또는
그들의 착용물이나 소지물에 의해 공이 리시버에게
가려져서는 안 된다.

2.6.5 As soon as the ball has been projected, the
server's free arm and hand shall be removed from the
space between the ball and the net.
서버의 프리핸드 쪽 팔과 손은 볼을 띄운 즉시 공과
네트 사이의 공간에서 치워져야한다.

The space between the ball and the net is defined by
the ball, the net and its indefinite upward extension.

공과 네트사이의 공간은 위쪽으로는 거리에 제한이 없는 것으로 정의한다.

2.6.6 It is the responsibility of the player to serve so that the umpire or the assistant umpire can be satisfied that he or she complies with the requirements of the Laws, and either may decide that a service is incorrect. 심판 또는 부심으로 하여금 서비스가 해당 규정의 요건을 따르고 있는지 만족할 수 있도록 서브하는 것은 서버의 의무이다. 그렇지 못할 경우, 부정 서비스로 판단할 수 있다.

2.6.6.1 If either the umpire or the assistant umpire is not sure about the legality of a service he or she may, on the first occasion in a match, interrupt play and warn the server; but any subsequent service by that player or his or her doubles partner which is not clearly legal shall be considered incorrect. 심판 또는 부심이 보았을 때 서비스의 적법성이 의심될 경우, 매치의 첫 번째 경우에 한해 시합을 중단시키고, 서버에게 경고를 준다; 그러나 해당 선수 및 그 선수의 복식 파트너가 적법성이 의심스러운 서비스를 반복하게 되면 부정 서비스로 간주한다.

2.6.7 Exceptionally, the umpire may relax the requirements for a correct service where he or she is satisfied that compliance is prevented by physical disability.

선수의 신체적 장애로 규정 준수가 어려울 경우 심판은 예외적으로 올바른 서비스의 요건을 완화시켜 줄 수 있다.

2.7 THE RETURN 리턴

2.7.1 The ball, having been served or returned, shall be struck so that it touches the opponent's court, either directly or after touching the net assembly.

서브 또는 리턴 된 공은 직접 또는 네트 어셈블리에 닿은 후 상대선수의 코트에 닿도록 받아쳐야 한다.

2.8 THE ORDER OF PLAY 경기 순서

2.8.1 In singles, the server shall first make a service, the receiver shall then make a return and thereafter server and receiver alternately shall each make a return.

단식 경기에서는 서버가 먼저 서비스를 하고 리시버는 리턴을 하며 이후에는 서버와 리시버가 번갈아 가며 리턴한다.

2.8.2 In doubles, except as provided in 2.8.3, the server shall first make a service, the receiver shall then make a return, the partner of the server shall then make a return, the partner of the receiver shall then make a return and thereafter each player in turn in that sequence shall make a return.

복식 경기에서는 2.8.3의 경우를 제외하고 서버가 먼저 서비스를 하고 리시버가 리턴을 하면 서버의 파트너가 리턴을 하고 그 다음으로 리시버의 파트너가 리턴을 한다. 이후에는 각 선수가 교대로 순서에 맞게 리턴한다.

2.8.3 In doubles, when at least one player of a pair is in a wheelchair due to a physical disability, the server shall first make a service, the receiver shall then make a return but thereafter either player of the disabled pair may make returns. However, no part of a player's wheelchair nor a foot of a standing player of this pair shall protrude beyond the imaginary extension of the centre line of the table. If it does, the umpire shall award the point to the opposing pair.

복식조에서 한명 이상의 선수가 신체적인 장애로 인해 휠체어를 타고 경기를 할 때, 서버가 먼저 서비스를 넣고 다음에 리시버가 리턴을 하고나면 그 다음부터는 양 선수 중 누구라도 리턴을 할 수 있다. 그러나 선수의 휠체어나 복식조의 서 있는 선수의 발이 탁구대 센터라인의 가상연장선을 침범하면 안 되며, 만일 이런 상황이 발생했을 경우엔 상대편에게 점수를 준다.

2.9 A LET 렛

2.9.1 The rally shall be a let:
다음의 랠리는 렛이 된다:

2.9.1.1 if in service the ball, touches the net assembly, provided the service is otherwise correct or the ball is obstructed by the receiver or his or her partner.
만약 서비스할 때 공이 넷 어셈블리를 건드린 경우 〈렛(let)으로 판정된다〉, 넷 어셈블리에 닿은 것을 제외하면 올바른 서비스였거나 리시버 혹은 그의 파트너에 의해 방해를 받는 경우여야 한다.

2.9.1.2 if the service is delivered when the receiving

player or pair is not ready, provided that neither the receiver nor his or her partner attempts to strike the ball;

리시브하는 측의 선수(또는 조)가 준비가 되지 않는 상태에서 서비스가 이루어진 경우. 단, 리시버나 그의 파트너가 볼을 치려고 시도하지 않는 경우여야 한다;

2.9.1.3 if failure to make a service or a return or otherwise to comply with the Laws is due to a disturbance outside the control of the player;

서비스나 리턴을 하지 못했거나 규정을 준수하지 못한 것이 선수가 통제할 수 없는 상황에 의해 발생하였을 경우;

2.9.1.4 if play is interrupted by the umpire or assistant umpire;

경기가 심판이나 부심에 의해 중단된 경우;

2.9.1.5 if the receiver is in wheelchair owing to a physical disability and in service the ball, provided that the service is otherwise correct,

신체적인 장애로 인해 리시버가 휠체어를 타고 있는 상황에서 서비스를 할 때, 아래 상황이 발생한다면 렛이 된다,

2.9.1.5.1 after touching the receiver's court returns in the direction of the net;

공이 리시버 쪽에 바운드 된 뒤 네트 방향으로 돌아올 경우;

2.9.1.5.2 comes to rest on the receiver's court;

공이 리시버의 시합표면 위에 멈춰 섰을 경우;

2.9.1.5.3 in singles leaves the receiver's court after touching it by either of its sidelines.

단식에서 공이 리시버 쪽에 바운드 된 뒤 양 사이드라인 중 하나를 벗어났을 경우.

2.9.2 Play may be interrupted.

다음의 경우에는 경기를 중단시킬 수 있다.

2.9.2.1 to correct an error in the order of serving, receiving or ends;

서빙, 리시빙, 엔드의 순서에 있어 잘못을 교정시키고자 할 때;

2.9.2.2 to introduce the expedite system;

경기 촉진 제도를 시행하고자 할때;

2.9.2.3 to warn or penalise a player or adviser;

선수나 조언자에게 경고나 처벌을 주고자 할 때;

2.9.2.4 because the conditions of play are disturbed in a way which could affect the outcome of the rally.
랠리의 결과에 영향을 줄 정도로 경기 조건이 방해 받았을 때.

2.10 A POINT 점수

2.10.1 Unless the rally is a let, a player shall score a point.
랠리가 렛이 아닌 경우 선수는 다음과 같은 경우에 득점하게 된다.

2.10.1.1 if an opponent fails to make a correct service;
상대방 선수가 올바른 서비스를 못했을 때;

2.10.1.2 if an opponent fails to make a correct return;
상대방 선수가 올바른 리턴을 하지 못했을 때;

2.10.1.3 if, after he or she has made a service or a return, the ball touches anything other than the net assembly before being struck by an opponent;
서브나 리턴을 한 후 상대편 선수가 공을 친 후에 네트 어셈블리 이외의 다른 것에 공이 닿았을 때;

2.10.1.4 if the ball passes over his or her court or

beyond his or her end line without touching his or her court, after being struck by an opponent;
상대편 선수가 친 공이 자신의 코트에 닿지 않고 코트 위 또는 엔드 라인을 넘어갔을 때;

2.10.1.5 if the ball, after being struck by an opponent, passes through the net or between the net and the net post or between the net and playing surface;
상대편이 공을 치고나서 공이 네트를 뚫고 가거나, 네트와 네트 포스트 사이로 가거나 네트와 탁구대 표면 사이로 지나갔을 때;

2.10.1.6 if an opponent obstructs the ball;
상대편 선수가 공을 방해했을 때;

2.10.1.7 if an opponent deliberately strikes the ball twice in succession;
상대방이 공을 고의로 연속 두 번 쳤을때

2.10.1.8 if an opponent strikes the ball with a side of the racket blade whose surface does not comply with the requirements of 2.4.3, 2.4.4 and 2.4.5;
상대편 선수가 2.4.3, 2.4.4 그리고 2.4.5항의 조건에 맞지 않는 라켓판의 면으로 공을 쳤을 때 ;

2.10.1.9 if an opponent, or anything an opponent

wears or carries, moves the playing surface;
상대편 선수 또는 상대편 선수의 착용품이나 소지품
에 의해 시합 표면이 이동 되었을 때;

2.10.1.10 if an opponent, or anything an opponent
wears or carries, touches the net assembly;
상대편 선수 또는 상대편 선수의 착용품이나 소지품
이 네트 어셈블리를 건드렸을 때;

2.10.1.11 If an opponent's free hand touches the
playing surface;
상대편 선수의 프리 핸드가 시합 표면에 닿았을 때;

2.10.1.12 if a doubles opponent strikes the ball out of
the sequence established by the first server and first
receiver;
복식 경기시 상대편 선수가 올바른 순서를 지키지 않
고 볼을 쳤을 때;

2.10.1.13 as provided under the expedite system
(2.15.4).
경기 촉진 제도하에서의 득점은 (2.15.4항) 참조.

2.10.1.14 if both players or pairs are in a wheelchair
due to a physical disability and
양 선수 또는 조가 신체적 장애로 인해 휠체어에 앉아

서 경기를 할 경우

2.10.1.14.1 his or her opponent does not maintain a minimum contact with the seat or cushion(s), with the back of the thigh, when the ball is struck;
상대편이 공을 치는 순간 허벅지가 의자 또는 쿠션과 최소한의 접촉 면적을 유지하지 못 했을 경우;

2.10.1.14.2 his or her opponent touches the table with either hand before striking the ball;
상대편이 공을 치기 전에 양쪽 어느 손으로든 테이블을 건드렸을 때;

2.10.1.14.3 his or her opponent's footrest or foot touches the floor during play.
상대편의 발판이나 발이 경기 중에 바닥에 닿았을 때.

2.10.1.15 as provided under the order of play (2.8.3).
(2.8.3항)의 경기방법에 제시된 것에 따라

2.11 A GAME 게임

2.11.1 A game shall be won by the player or pair first scoring 11 points unless both players or pairs score 10 points, when the game shall be won by the first player

or pair subsequently gaining a lead of 2 points.
10대10이 아닌 상황에서 11포인트를 먼저 획득하는 선수 또는 조가 게임을 이기게 된다, 10대10의 상황에서는 연속 2점을 먼저 획득하는 선수 또는 조가 게임을 이기게 된다.

2.12 A MATCH 매치

2.12.1 A match shall consist of the best of any odd number of games.
매치는 홀수전 x선승제로 이루어진다. (ex,7전 4선승제, 5전 3선승제)

2.13 THE ORDER OF SERVING, RECEIVING AND ENDS 서빙, 리시빙, 엔드의 순서

2.13.1 The right to choose the initial order of serving, receiving and ends shall be decided by lot and the winner may choose to serve or to receive first or to start at a particular end.
서빙, 리시빙, 엔드 첫 순서를 선택할 권리는 추첨으로 결정하며 승자가 서브, 리시브를 할 것 인가, 아니면 특정 엔드에서 시작할 것인가를 선택한다.

2.13.2 When one player or pair has chosen to serve or to receive first or to start at a particular end, the other player or pair shall have the other choice.

한 선수 또는 조가 먼저 서브 또는 리시브 하기로 선택하였거나 특정 엔드에서 시작하기로 선택한 경우, 상대 선수 또는 조는 다른 것을 택하게 된다.

2.13.3 After each 2 points have been scored the receiving player or pair shall become the serving player or pair and so on until the end of the game, unless both players or pairs score 10 points or the expedite system is in operation, when the sequences of serving and receiving shall be the same but each player shall serve for only 1 point in turn.

각각 그 포인트를 득점할 때마다 리시빙 선수 또는 조가 서비스 선수 또는 조가 되며 게임이 끝날 때까지 이 방식을 계속한다. 양선수 또는 조가 모두 10포인트를 득점한 경우나 촉진 제도를 시행하고 있는 경우는 예외로서 이때는 서비스와 리시빙의 순서는 같은 방식이지만 선수들은 1포인트 변동시 순서대로 서비스를 넘겨준다.

2.13.4 In each game of a doubles match, the pair

having the right to serve first shall choose which of them will do so and in the first game of a match the receiving pair shall decide which of them will receive first; in subsequent games of the match, the first server having been chosen, the first receiver shall be the player who served to him or her in the preceding game.

복식 경기에서 매 게임시 우선 서브할 권리를 가진 조는 누가 서브를 할 것인가를 선택하고 매치의 첫 게임시에 리시브 조는 누가 리시브를 먼저 할 것인지를 결정한다. 매치 후속 게임에서는 첫 서버를 결정하고 나면 이전 게임에서 그에게 서비스를 한 선수가 첫 리시버가 된다.

2.13.5 In doubles, at each change of service the previous receiver shall become the server and the partner of the previous server shall become the receiver.

복식에서는 서비스가 바뀔 때마다 이전의 리시버는 서버가 되며 이전 서버의 파트너는 리시버가 된다.

2.13.6 The player or pair serving first in a game shall receive first in the next game of the match and in the last possible game of a doubles match the pair due to receive next shall change their order of receiving when first one pair scores 5 points.

한 게임에서 먼저 서비스한 선수나 조는 후속 게임에서 먼저 리시브를 하게 되며, 복식 매치의 마지막 게임에서는 어느 조가 5포인트를 획득한 경우 다음 리시브 조는 리시브 순서를 바꾼다.

2.13.7 The player or pair starting at one end in a game shall start at the other end in the next game of the match and in the last possible game of a match the players or pairs shall change ends when first one player or pair scores 5 points.

한 게임에서 어느 한 쪽 엔드에서 시작한 선수 또는 조는 매치의 후속 게임에서는 다른 엔드에서 시작하며 한 매치의 마지막 게임에서는 어느 선수나 조가 먼저 5포인트를 획득한 경우 서로 엔드를 바꾼다.

2.14 OUT OF ORDER OF SERVING, RECEIVING OR ENDS 서빙, 리시빙, 엔드의 순서 바뀜

2.14.1 If a player serves or receives out of turn, play shall be interrupted by the umpire as soon as the error is discovered and shall resume with those players serving and receiving who should be server and receiver respectively at the score that has been reached, according to the sequence established at the beginning of the match and, in doubles, to the order of serving chosen by the pair having the right to serve first in the game during which the error is discovered.

순서를 지키지 않고 선수가 서브 또는 리시브를 할 경우, 심판은 실수가 발견 되는 즉시 경기를 중단시키고 현재의 점수에서 매치초기에 정해진 순서에 따라 경기를 속행시킨다. 복식에서는 실수가 발견된 게임에서 먼저 서브할 권리를 가진 조가 선택한 순서에 따라 경기를 재개한다.

2.14.2 If the players have not changed ends when they should have done so, play shall be interrupted by the umpire as soon as the error is discovered and shall resume with the players at the ends at which they should be at the score that has been reached, according to the sequence established at the beginning of the match.

선수가 엔드를 바꾸어야 함에도 바꾸지 않은 경우 심판은 실수가 발견되는 즉시 경기를 중단시킨 다음 현재의 점수에서 매치 초기에 결정된 순서에 따라 엔드를 바로잡은 후 경기를 재개시킨다.

2.14.3 In any circumstances, all points scored before the discovery of an error shall be reckoned.
실수가 발견되기 전에 획득한 포인트는 어떤 경우라도 모두 인정된다.

2.15 THE EXPEDITE SYSTEM 경기 촉진 제도

2.15.1 Except as provided in 2.15.2, the expedite system shall come into operation after 10 minutes' play in a game or at any time when requested by both players or pairs.
경기 촉진 제도는 2.15.2항에 언급된 상황을 제외하고는 10분 동안 시합을 해도 게임이 끝나지 않을 때나 시간에 관계없이 양 선수 또는 조의 요청이 있는 경우 시행한다.

2.15.2 The expedite system shall not be introduced in a game if at least 18 points have been scored.
경기 촉진 제도는 게임 중 점수의 합이 18점 이상 도달할 경우 시행하지 않는다. (점수가10대8일 경우 촉진 제도를 시행하지 않음)

2.15.3 If the ball is in play when the time limit is reached and the expedite system is due to come into operation, play shall be interrupted by the umpire and shall resume with service by the player who served in the rally that was interrupted; if the ball is not in play when the expedite system comes into operation, play shall resume with service by the player who received in the immediately preceding rally.

제한 시간이 다 되었는데도 볼이 경기 상태에 있다면 심판은 경기를 중단 시키고 중단된 랠리에서 서브한 선수가 서브 하도록 하여 경기를 재개시킨다. 제한 시간이 다 되었을 때, 볼이 경기 상태에 있지 않다면 직전 랠리에서 리시브했던 선수가 서브하도록 하여 경기를 재개 시킨다.

2.15.4 Thereafter, each player shall serve for 1 point in turn until the end of the game, and if the receiving player or pair makes 13 correct returns in a rally the receiver shall score a point.

이후 각 선수는 게임이 끝날 때까지 1점씩 교대로 서브한다, 그리고 리시브 선수 또는 조가 13개의 리턴에 성공하면 리시버는 1포인트를 획득하게 된다.

2.15.5 Introduction of the expedite system shall not alter the order of serving and receiving in the match, as defined in 2.13.6.

경기 촉진 제도의 시행이(2.13.6항)에 규정된 매치 내 서브, 리시브 순서를 바꾸지는 않는다.

2.15.6 Once introduced, the expedite system shall remain in operation until the end of the match.

경기 촉진 제도가 일단 시행이 되면 매치가 끝날 때까지 시행한다.

제3장 REGULATIONS FOR INTERNATIONAL COMPETITIONS
국제 경기 규정

3.1 SCOPE OF LAWS AND REGULATIONS
규칙과 규정의 정의

3.1.1 Types of Competition 경기의 형태

3.1.1.1 An international competition is one that may include the players of more than one Association.

국제 경기란 2개 이상 협회의 선수들이 참가할 수 있

는 경기이다.

3.1.1.2 An international match is a match between teams representing Associations.
국제 시합이란 각 협회를 대표하는 팀들간의 시합이다.

3.1.1.3 An open tournament is one that is open to the players of all Associations.
오픈 대회란 모든 협회의 선수들이 참가할 수 있는 대회 이다.

3.1.1.4 A restricted tournament is one that is restricted to specified groups of players other than age groups.
제한 대회란 연령 단체이외의 특정 그룹 선수에게만 참가가 허용되는 대회이다.

3.1.1.5 An invitation tournament is one that is restricted to specified Associations or players, individually invited.
초청 대회란 개인적으로 초청된 특정 선수들, 혹은 협회들에게만 참가가 허용된 대회이다.

3.1.2 Applicability 적용

3.1.2.1 Except as provided in 3.1.2.2, the Laws (Chapter 2) shall apply to World, Continental, Olympic and Paralympic title competitions, open tournaments and, unless otherwise agreed by the participating Associations, to international matches.

3.1.2.2의 규정을 제외하고는 제2장의 규칙은 세계대회, 대륙 간 대회, 올림픽 선수권대회, 패럴림픽 오픈 대회에 적용되며, 참가 협회에서 달리 합의가 없는 한 국제 시합에도 적용된다.

3.1.2.2 The Board of Directors shall have power to authorise the organiser of an open tournament to adopt experimental law variations specified by the Executive Committee.

이사회는 오픈 대회의 주최자에게 집행위원회에서 정한 규칙의 변경 내용을 시험적으로 채택할 수 있는 권한을 줄 수 있다.

3.1.2.3 The Regulations for International Competitions shall apply to:

국제 경기 규정은 다음 경기에 적용된다.

3.1.2.3.1 World, Olympic and Paralympic title competitions, unless otherwise authorised by the

Board of Directors and notified in advance to the participating Associations;

세계 및 올림픽 선수권 패럴림픽 대회, 단, 이사회가 달리 승인하였거나 참가 협회들에게 미리 통보한 경우는 제외;

3.1.2.3.2 Continental title competitions, unless otherwise authorised by the appropriate Continental Federation and notified in advance to the participating Associations;

대륙 간 선수권 대회, 단, 관할 대륙 연맹이 달리 승인하였거나 참가 협회들에게 미리 통보한 경우는 제외;

3.1.2.3.3 Open International Championships (3.7.1.2), unless otherwise authorised by the Executive Committee and notified in advance to the participants in accordance with 3.1.2.4 ;

국제 오픈 선수권 대회(3.7.1.2). 단, 집행위원회가 달리 승인하였거나 3.1.2.4에 의거 참가자들에게 미리 통보한 경우는 제외;

3.1.2.3.4 open tournaments, except as provided in 3.1.2.4

오픈대회. 단 3.1.2.4에 따른 경우는 제외

3.1.2.4 Where an open tournament does not comply

with any of these regulations the nature and extent of
the variation shall be specified in the entry form;
completion and submission of an entry form shall be
regarded as signifying acceptance of the conditions of
the competition, including such variations.

오픈 대회가 이들 규정 중 어느 한 가지라도 따르지
않는 경우에는 그 변동의 성격과 정도를 참가신청 양
식에 명기 하여야 하며, 참가 신청서를 작성. 제출한
참가자는 변동 내용을 포함, 경기 조건에 대한 합의를
표명한 것으로 간주한다.

3.1.2.5 The Laws and Regulations are recommended
for all international competitions but, provided that the
Constitution is observed, international restricted and
invitation tournaments and recognised international
competitions organised by unaffiliated bodies may be
held under rules laid down by the organising
authority.

이들 규정은 현장 준수 조건하에서 모든 국제 경기에
적용될 것을 권장한다. 비회원 기관이 주최하는 제한
대회와 초청 경기 그리고 유명한 국제 경기는 주최 당
국이 정한 규칙하에 개최할 수 있다.

3.1.2.6 The Laws and the Regulations for International

Competitions shall be presumed to apply unless variations have been agreed in advance or are made clear in the published rules of the competition.

규칙과 규정의 변경 내용이 미리 합의 되거나 경기의 규칙을 공개적으로 분명히 알린 경우를 제외하고는 국제 경기에 대한 규칙과 규정을 적용하는 것으로 한다.

3.1.2.7 Detailed explanations and interpretations of Rules, including equipment specifications for International Competitions, shall be published as Technical or Administrative Leaflets by the Board of Directors; practical instructions and implementation procedures may be issued as Handbooks or Guides by the Executive Committee. These publications may include mandatory parts as well as recommendations or guidance.

국제경기에 대한 장비 사양을 포함하는 규칙의 자세한 설명과 해석은 이사회에 의해 기술 또는 관리 책자로서 출간된다. 또한, 현실적인 설명과 실행 절차는 집행위원회에 의해 핸드북 또는 지침으로 발간된다. 이 간행물은 권고사항 또는 지도뿐만 아니라 의무사항도 포함한다.

3.2 EQUIPMENT AND PLAYING CONDITIONS
장비와 경기 조건

3.2.1 Approved and Authorised Equipment
승인되고 허가된 장비

3.2.1.1 The approval and authorisation of playing equipment shall be conducted on behalf of the Board of Directors by the Equipment Committee, an approval or authorisation may be suspended by the Executive Committee at any time and subsequently the approval or authorisation may be withdrawn by the Board of Directors.

경기장비의 승인 및 허가는 이사회를 대표하여 장비 위원회가 담당하며 장비의 승인과 허가는 언제라도 집행위원회에 의해서 중단될 수 있으며 이에 따라 승인과 허가가 이사회에 의해서 철회될 수 있다.

3.2.1.2 The entry form or prospectus for an open tournament shall specify the brands and colours of table, net assembly and ball to be used; the choice of equipment shall be laid down by the Association in whose territory the competition is held, selected from brands and types currently approved by the ITTF.

오픈대회의 참가신청서 또는 대회 개요에는 사용할 탁구대, 네트 어셈블리, 공의 브랜드와 색깔을 명시해야 한다. 장비의 선택은 대회가 열리는 주최국의 협회에서 정한대로 하며 브랜드와 형태는 현재 국제연맹이 승인한 것 중에서 선택해야 한다.

3.2.1.3 The covering material on a side of the blade used for striking the ball shall be currently authorised by the ITTF and shall be attached to the blade so that the ITTF logo, the ITTF number(when present), the supplier and brand names are clearly visible nearest the handle.

공을 치는 라켓판의 한쪽 면을 덮는 커버링 재질은 현재 국제탁구연맹에 의해 승인되어야 하며 ITTF로고, ITTF번호(있을 경우), 제조사와 브랜드 네임이 탁구 라켓 손잡이의 가장 가까운 자리에 분명히 눈에 띄도록 블레이드에 부착해야 한다.

Lists of all approved and authorised equipment and materials are maintained by the ITTF Office and details are available on the ITTF website.

허가된 장비와 물품들은 ITTF 사무실 그리고 세부 정보는 ITTF 웹사이트에 있다.

3.2.1.4 Table legs shall be at least 40cm from the end line of the table for wheelchair players.

탁구대의 다리는 휠체어 선수를 위해 탁구대 윗면 엔드라인으로 부터 최소 40cm 이상 떨어져 있어야 한다.

3.2.2 Playing Clothing 경기복장

3.2.2.1 playing clothing shall consist of a short-sleeved or sleeveless shirt and shorts or skirt or one-part sports outfits, socks and playing shoes; other garments, such as part or all of a track suit, shall not be worn during play except with the permission of the referee.

경기 복장은 일반적으로 짧은 소매의 셔츠나 소매 없는 셔츠, 짧은 바지나 스커트 또는 한 부분으로 된 스포츠 복장, 양말, 경기화 등이 해당된다. 경기 시에는 심판장의 허가 없이 다른 의복, 가령 긴 운동복 종류의 옷을 입을 수 없다.

3.2.2.2 The main colour of a shirt, skirt or shorts, other than sleeves and collar of a shirt shall be clearly different from that of the ball in use.

셔츠, 스커트 또는 짧은 바지의 주 색상은 셔츠의 소
매나 셔츠깃을 제외하고는 사용하는 공의 색깔과뚜렷
이 구별되는 색깔이어야 한다.

3.2.2.3 Clothing may bear numbers or lettering on the
back of the shirt to identify a player, his or her
Association or, in club matches, his or her club, and
advertisements in accordance with the provisions of
3.2.5.10; if the back of a shirt bears the player's name,
this shall be situated just below the collar.

셔츠의 뒤쪽에 선수, 소속 협회(클럽 매치인 경우에는
클럽)를 나타내는 번호 또는 문자를 부착할 수 있으며
3.2.5.10의 규정에 따라 광고를 부착할 수 있다; 만약
셔츠의 뒤쪽에 선수명을 부착하려 한다면 위치는 셔
츠깃 바로 밑이어야 한다.

3.2.2.4 Any numbers required by organisers to
identify a player shall have priority over
advertisements on the centre part of the back of a
shirt; such numbers shall be contained within a panel
having an area not greater than 600cm^2.

선수를 구별하기 위해 주최측이 요구하는 모든 번호
는 광고에 우선하여 셔츠의 뒷면 중앙에 달도록 한다.
이 번호는 600cm^2 이하 크기의 네모 안에 들어 가도록

한다.

3.2.2.5 Any markings or trimming on the front or side of a playing garment and any objects such as jewellery worn by a player shall not be so conspicuous or brightly reflecting as to unsight an opponent.

경기 복장의 정면 또는 측면에 있는 표시나 장식 그리고 선수가 착용하고 있는 보석 등은 상대 선수의 시야에 방해를 줄 정도로 눈에 띄거나 반사가 많아서는 안된다.

3.2.2.6 Clothing shall not carry designs or lettering which might cause offence or bring the game into disrepute.

게임에 불명예를 가져 오거나 불쾌함을 유발할 수 있는 디자인이나 문자는 복장에 넣지 않도록 한다.

3.2.2.7 The players of a team taking part in a team match, and players of the same Association forming a doubles pair in a World, Olympic or Paralympic Title Competition, shall be dressed uniformly, with the possible exception of socks, shoes and the number, size, colour and design of advertisements on clothing. Players of the same Association forming a doubles pair in other international competitions may wear clothes of different manufacturers, if the basic colours are the same and their National Association authorises this procedure.

세계 타이틀, 올림픽 또는 패럴림픽대회 단체전에 참가하는 같은 팀의 선수들과 복식조를 구성하고 있는 같은 협회의 선수들은 복장을 통일해야 한다. 단, 양말, 신발은 예외이며, 번호, 사이즈 그리고 옷에 부착한 광고의 디자인과 색깔도 예외로 할 수 있다. 그리고 상기대회를 제외한 국제대회에 참가하는, 같은 협회의 선수들로 구성된 복식조는 다른 제조업체의 옷을 입을 수 있다. 단, 기본 색상이 같아야 하며, 소속협회의 승인을 받아야 한다.

3.2.2.8 Opposing players and pairs shall wear shirts that are of sufficiently different colours to enable them to be easily distinguished by spectators.

양측 선수 및 조는 관람자들이 쉽게 구별할 수 있도록 확연히 다른 색상의 옷을 입어야 한다.

3.2.2.9 Where opposing players or teams have a similar shirt and cannot agree which of them will change, the decision shall be made by the umpire by lot.

양측 선수나 팀이 유사한 복장을 하고 있으나 어느 편의 복장을 교체해야 할지 합의가 안 될 경우에는 추첨을 통해 심판이 결정하도록 한다.

3.2.2.10 Players competing in a World, Olympic or Paralympic title competition or Open International Championships shall wear shirt and shorts or skirt of types authorised by their Association.
세계대회, 올림픽, 패럴림픽 또는 세계 오픈 챔피언십에 참가하는 선수들은 소속 협회가 승인한 유니폼(셔츠, 짧은 바지, 스커트)을 착용해야 한다.

3.2.3 Playing Conditions 경기조건

3.2.3.1 The playing space shall be rectangular and not less than 14m long, 7m wide and 5m high, but the 4 corners may be covered by surrounds of not more than 1.5m length; for wheelchair events, the playing space may be reduced, but shall not be less than 8m long and 6m wide.
경기 공간은 길이 14m, 폭 7m, 높이 5m 이상의 직사각형이 되어야 한다. 그러나 네 곳의 코너는 길이 1.5m 이하의 서라운드(코너보드)로 채워질 수 있다; 휠체어 경기의 경우, 경기 공간을 줄일 수 있지만 길이 8m, 폭 6m 보다 줄여선 안 된다.

3.2.3.2 The following equipment and fittings are to be considered as part of each playing area; The table including the net assembly, printed numbers identifying the table, umpires tables and chairs, score indicators, towel and ball boxes, surrounds, flooring, boards on the surrounds indicating the names of players or Associations and small technical equipment which shall be fitted in a way that does not affect play.
각 경기 공간에는 다음의 장비 및 구조물들이 설치되어야 한다; 네트어셈블리를 포함한 탁구대, 인쇄된 탁구대 번호, 심판탁자 및 심판 의자, 점수판, 타월 및 공 박스, 서라운드(펜스), 바닥 매트, 선수 명판 또는 협회 명판(서라운드에 걸쳐놓는) 그리고 게임에 영향을 주지 않는 작은 기술적 장비

3.2.3.3 The playing area shall be enclosed by surrounds about 75cm high, all of the same dark background colour, separating it from adjacent playing areas and from spectators.
경기 장소는 75cm 높이의 펜스를 둘러 이웃하는 경기장과 관람객들로부터 분리되어야 하며, 이 때 펜스는 모두 한 종류의 어두운 색깔이어야 한다.

3.2.3.4 In World, Olympic and Paralympic title competitions the light intensity, measured at the height of the playing surface, shall be at least 1000lux uniformly over the whole of the playing surface and at least 500lux elsewhere in the playing area; in other competitions the intensity shall be at least 600lux uniformly over the playing surface and at least 400lux elsewhere in the playing area.

시합 표면 높이에서 측정한 조명의 밝기는 세계 및 올림픽 선수권 대회, 패럴림픽 대회의 경우 시합 표면 전체에 걸쳐 균일하게 최소 1000룩스가 되어야 하며 경기 지역 이외의 곳은 적어도 500룩스가 되어야 한다. 기타 대회에서의 밝기는 시합 표면 위는 최소 600룩스, 다른 곳은 최소 400룩스가 되어야 한다.

3.2.3.5 Where several tables are in use, the lighting level shall be the same for all of them, and the level of background lighting in the playing hall shall not be greater than the lowest level in the playing area.

여러 개의 테이블이 사용될 경우, 조명의 밝기는 균등해야 하며 경기장 배경의 밝기는 경기장 내부의 최소 밝기보다 밝아선 안 된다.

3.2.3.6 The light source shall not be less than 5m

above the floor.
조명원은 바닥으로부터 최소한 5m이상의 높이에 있
어야 한다.

3.2.3.7 The background shall be generally dark and
shall not contain bright light sources or daylight
through uncovered windows or other apertures.
배경은 보통 어둡게 하고, 밝은 조명원이 있어선 안
되며 가려지지 않은 창문 또는 기타 구멍을 통해 햇빛
이 들어와서도 안 된다.

3.2.3.8 The flooring shall not be light-coloured,
brightly reflecting or slippery and its surface shall not
be of brick, ceramics, concrete or stone; but the
flooring may be of concrete for wheelchair events.
바닥은 밝은 색상 이어서는 안되며 밝게 반사되는 것
이나 미끄러운 것도 안된다. 그리고 표면이 벽돌, 세
라믹, 콘크리트 또는 돌로 되어 있어서도 안된다; 그
러나 휠체어 경기의 경우에는 콘크리트바닥을 사용할
수 있다.

3.2.3.8.1 In World, Olympic and Paralympic title
competitions the flooring shall be of wood or of a
brand and type of rollable synthetic material

authorised by the ITTF.

세계 및 올림픽, 패럴림픽대회에서는 바닥재로 나무나 기타 국제연맹이 승인한 브랜드 및 형태의 것으로서 말 수 있는(rollable) 합성 재질을 사용한다.

3.2.3.9 Technical equipment on the net assembly shall be considered part of it.

네트어셈블리위에 있는 기술 장비는 이러한 장비의 일부로 설치되어야 한다.

3.2.4 Racket Control 라켓 컨트롤

3.2.4.1 It is the responsibility of each player to ensure that racket coverings are attached to their racket blade with adhesives that do not contain harmful volatile solvents.

커버링을 라켓판에 부착할 때는 금지된 휘발성 솔벤트가 함유되지 않은 접착제를 사용 해야만 하며, 이는 선수 개개인의 책임이다.

3.2.4.2 A racket control centre shall be established at all ITTF World Title, Olympic and Paralympic competitions as well as at a select number of ITTF World Tour and Junior Circuit competitions and may be established at Continental and Regional competitions.

국제연맹 월드 타이틀 대회, 올림픽 그리고 패럴림픽 뿐 만 아니라 선택된 월드 투어와 주니어 서킷 대회에는 라켓 컨트롤 센터가 설치되어야 하며, 대륙 대회 및 지역 대회에도 본 센터를 설치할 수 있다.

3.2.4.2.1 The racket control centre shall test rackets, according to the policy and procedure established by the Executive Committee on recommendation of the Equipment Committee and Umpires and Referees Committee, to ensure that rackets abide by all ITTF regulations including, but not limited to, racket covering thickness, flatness and presence of harmful volatile substances.
라켓 컨트롤 센터는 장비, 심판 및 레프리 위원회의 조언에 근거하여 국제연맹 집행위원회에 의해 정해진 정책과 절차에 따라 라켓이 모든 국제연맹 규정을 준수하고 있는지를 검사하며, 라켓 커버링의 두께와 편평도 그리고 유해성 휘발 물질의 사용 여부 또한 검사한다.

3.2.4.2.2 The racket control test shall be carried out after the match at random only where the player does not submit the racket for a before match test.
매치후 라켓컨트롤 테스트는 선수가 매치전 라켓을 제출하지 않은 경우에만 매치가 끝난 후 무작위로 시행된다.

3.2.4.2.3 Rackets that do not pass the racket control test before the match cannot be used but may be replaced by a second racket which which may be tested immediately if time permits, but if not, will be tested after the match; in the case where rackets do not pass a random racket control test after the match, the offending player will be liable to penalties.

매치 시작전에 실시한 라켓 컨트롤 테스트를 통과하지 못한 라켓은 사용하지 못하며 해당선수의 두 번째 라켓으로 대체할 수 있는데 그 라켓은 시간이 허락되는 경우 즉시 테스트를 하고 만약 시간이 없다면 매치 후 테스트를 받게된다. 매치가 끝난 뒤에 실시한 무작위 라켓 컨트롤 테스트를 통과하지 못할 경우, 해당선수는 패널티에 대한 책임을 져야한다.

3.2.4.2.4 All players are entitled to have their rackets tested voluntarily without any penalties before the match.

모든 선수들은 매치 시작 전에 패널티와는 상관없이 자발적으로 라켓 테스트를 받을 수 있다.

3.2.4.3 Following 4 accumulated failures on any

aspect of racket testing in a period of four years, the player may complete the event, but subsequently the Executive Committee will suspend the offending player for 12 months.

모든 라켓 테스트를 포괄하여 4년동안 4번의 실패한 선수는 마지막 라켓 컨트롤 테스트에 실패한 대회의 경기는 참여하지만, 그 이후에 12개월 동안 선수자격을 상실하게 된다.

3.2.4.3.1 The ITTF shall inform the suspended player in writing of such suspension.

국제탁구연맹(ITTF)은 자격 정지된 선수에 대해 서면으로 알려줘야 한다.

3.2.4.3.2 The suspended player may appeal to the Court of Arbitration for Sport within 21 days of the receiving of the letter of suspension; should such an appeal be submitted, the player's suspension would remain in force.

자격 정지된 선수는 자격정지통지서를 받은 후 21일 이내에 스포츠 중재 법원에 항소할 수 있다. 그 항소는 선수의 자격정지가 강제된 것임을 제시해야 한다.

3.2.4.4 The ITTF shall maintain a register of all racket

control failures with effect from 1 September 2010.

국제탁구연맹(ITTF)은 2010년 9월 1일 이 후 모든 라 켓컨트롤 실패에 대한 기록을 유지해야 한다.

3.2.4.5 A properly ventilated area shall be provided for the attachment of racket coverings to rackets, and liquid adhesives shall not be used anywhere else at the playing venue.

라켓에 커버링을 부착하기 위한 적절한 환기장소가 준비돼 있어야 하며 액체 접착제는 경기장 내 어느 곳 에서도 사용할 수 없다.

"Playing venue" means that part of the building used for table tennis and its related activities, facilities and public area.

경기장내라 함은 탁구경기 및 관련된 활동을 위해 사용 되어지는 건물의 부분, 시설 그리고 공동구역을 의미함.

3.2.5 Advertisements and Markings 광고와 표시

3.2.5.1 Inside the playing area, advertisements shall be displayed only on equipment or fittings listed in 3.2.3.2 and there shall be no special additional displays.

경기 구역 내부의 광고는 일상적으로 3.2.3.2에 언급

된 장비나 기구에 표시 되어야 하며, 특별한 추가 표시가 있어서는 안 된다.

3.2.5.1.1 Advertisements or markings in or next to the playing area shall not be for tobacco goods, alcoholic drinks, harmful drugs or illegal products and they shall be without negative discrimination or connotation on the grounds of race, xenophobia, gender, religion, disabilities or other forms of discrimination.
경기구역이나 그 옆의 광고 또는 표시에는 담배, 술, 마약 또는 불법상품이 포함될 수 없으며 인종, 외국인 혐오, 성별, 종교 등에 근거한 부정적인 차별이나 또 다른 형태의 차별이 함축되어 있으면 안된다.

3.2.5.2 At Olympic and Paralympic Games advertisements on playing equipment, on playing clothing and on umpires' clothing shall be according to IOC and IPC regulations respectively.
올림픽 그리고 패럴림픽에서의 장비, 유니폼, 심판복 관련 광고는 IOC 그리고 IPC의 규정을 각각 따른다.

3.2.5.3 With the exception of LED (light-emitting diodes) and similar devices advertisements on the surrounds of the sides of the playing area, fluorescent, luminescent or glossy colours shall not be used anywhere in the playing area and the background colour of the surrounds shall remain dark.

경기구역의 서라운드 LED 광고와 그 유사장치들을 제외하고, 형광색 또는 발광성 또는 광택이 있는 색상은 경기구역 어디에서도 사용해선 안 되며 서라운드의 바탕색은 어두운 색이어야 한다.

3.2.5.3.1 Advertisements on surrounds shall not change during a match from dark to light and vice versa.

서라운드 광고는 경기 중에 어두운색에서 밝은 색으로 또는 반대의 경우로도 변경 되어선 안 된다.

3.2.5.3.2 LEDs and similar devices on surrounds shall not be so bright as to disturb players during the match and shall not change when the ball is in play.

서라운드 LED와 그 유사장치들은 경기 중 선수를 방해할 정도로 밝아서는 안되고 공이 랠리 중에 있을 때 변화시켜서는 안된다.

3.2.5.3.3 Advertisements on LED and similar devices shall not be used without prior approval from ITTF.

LED 광고와 그 유사 장치들은 ITTF의 사전 승인 없이 사용되어서는 안 된다.

3.2.5.4 Lettering or symbols on the inside of surrounds shall be clearly different from the colour of the ball in use, not more than two colours and shall be contained within a height of 40cm.
서라운드(펜스) 안쪽의 문자나 심볼은 대회에 사용되는 공의 색상과 분명히 구분되어져야 한다. 색상도 두 가지를 초과해서 사용할 수 없다. 문자와 심볼의 전체 높이는 40cm 이내로 해야 한다.

3.2.5.5 There may be up to 4 advertisements on the floor of the playing area, 1 at each end, each contained within an area of 5m^2, and 1 at each side of the table, each contained within an area of 2.5m^2; they shall not be less than 1m from the surrounds and those at the ends shall not be more than 2m from the surrounds.
경기장의 바닥에는 4개(탁구대의 측면과 엔드에 각 1개씩)의 광고를 부착할 수 있는데 엔드의 광고 크기는 5m^2, 측면의 광고 크기는 2.5m^{2}를 초과할 수 없다. 그리고 서라운드(펜스)로부터의 거리는 2m이내 1m이상이어야 한다.

3.2.5.6 There may be 1 permanent advertisement of the manufacturer's or supplier's name or logo and 1 temporary advertisement on each half of each side of the tabletop and 1 on each end, and each contained within a total length of 60cm. The temporary advertisements shall be clearly separated from any permanent advertisements; they shall not be for other table tennis equipment suppliers and there shall be no advertisement, logo, name of table or name of the manufacturer or supplier of the table on the undercarriage, except if the table manufacturer or supplier is the title sponsor of the tournament.

하나의 영구적인 제조사 또는 공급사의 이름 또는 로고와 탁구대 상단의 각 측면 절반 정도에, 그리고 각 엔드에 임시광고를 허가할 수 있으며, 모든 길이는 60cm를 초과할 수 없다. 임시광고는 영구적인 광고와 분명히 구분 되어져야 한다. 제조사나 공급사가 대회의 타이틀 스폰서일 경우를 제외하고 임시광고는 타 탁구 용품 회사의 광고여서는 안되며, 그리고 하부구조물에는 제조사 또는 탁구대 공급자의 광고, 로고, 테이블명칭, 테이블의 제조사 또는 공급사의 이름이 없어야 한다.

3.2.5.7 Advertisements on nets shall be clearly different from the colour of the ball in use, shall not be within 3cm of the tape along the top edge and shall not obscure visibility through the mesh.

네트의 광고는 사용되는 공과 확실히 구분할 수 있는 색이어야 하며, 상단 끝부분 테입의 3cm 공간 안에 들어가서는 안된다. 그리고 네트를 통과하는 시야를 가려서도 안 된다.

3.2.5.8 Advertisements on umpires' tables or other furniture inside the playing area shall be contained within a total area on any face of $750cm^2$.

심판석이나 경기장 내부의 다른 집기에 설치하는 광고는 전체면적을 $750cm^2$ 이내로 해야 한다.

3.2.5.9 Advertisements on playing clothing shall be limited to

선수 복장에 하는 광고는 다음으로 제한한다.

3.2.5.9.1 the maker's normal trademark, symbol or name contained within a total area of $24cm^2$.

전체 면적 $24cm^2$ 이하로 만든 제조업체의 정규 상표, 심볼 또는 이름.

3.2.5.9.2 not more than 6 clearly separated

advertisements, contained within a combined total area of 600cm², on the front, side or shoulder of a shirt, with not more than 4 advertisements on the front;

셔츠의 정면과 측면 그리고 어깨부분의 광고(뚜렷이 구분되는)는 최대 6개 이어야 하며 합친 면적이 600cm²이내여야 한다. 그리고 정면에 오는 광고는 4개를 초과할 수 없다;

3.2.5.9.3 not more than 2 advertisements, contained within a total area of 400cm², on the back of a shirt;

셔츠의 등판에 부착되는 400cm²이내 사이즈의 2개 이하의 광고

3.2.5.9.4 not more than 2 advertisements, contained within a combined total area of 120cm², only on the front and the sides of shorts or skirt.

짧은 바지나 스커트에 하는 광고는 최대 두 개이며 전체 면적이 120㎠ 이내여야 한다.

3.2.5.10 Advertisements on players' numbers shall be contained within a total area of 100㎠.

선수 번호에 하는 광고는 전체 면적을 100㎠ 이하로

한다.

3.2.5.11 Advertisements on umpires' clothing shall be contained within a total area of 40㎠.
심판 복장에 하는 광고는 전체 면적을 40㎠이하로 한다.

3.2.5.12 There shall be no advertisements on players' clothing or numbers for tobacco goods, alcoholic drinks or harmful drugs.
선수의 복장과 번호에는 담배, 술, 유해 약품을 광고 할 수 없다.

3.2.6 Doping control 도핑 컨트롤

3.2.6.1 All players participating in international competitions, including Junior competitions, shall be subject to in-competition testing by the ITTF, the player' s National Association and any other Anti-Doping Organisation responsible for testing at a competition in which they participate.
주니어 대회를 포함하여 국제 대회에 참가하는 모든 선수들은 국제연맹에 의해 테스트를 받아야하며, 선수가 속한 협회 및 반도핑 기관은 참가한 대회에서의 테스트에 책임을 지도록 한다.

3.3 MATCH OFFICIALS 심판 임원

3.3.1 Referee 레프리

3.3.1.1 For each competition as a whole a referee shall be appointed and his or her identity and location shall be made known to the participants and, where appropriate, to the team captains.

한 대회에 한 명의 심판을 임명하되 그의 신분이나 위치를 참가자에게 알리고 필요한 경우에는 팀 지도자에게도 알린다.

3.3.1.2 The referee shall be responsible for
심판은 다음에 대한 책임이 있다.

3.3.1.2.1 the conduct of the draw;
추첨의 진행;

3.3.1.2.2 the scheduling of the matches by time and table;
시간과 탁구대 별로 경기;

3.3.1.2.3 the appointment of match officials;

경기임원의 임명;

3.3.1.2.4 conducting a pre-tournament briefing for match officials;
경기 임원들을 위한 대회전 브리핑 실시;

3.3.1.2.5 checking the eligibility of players;
선수들에 대한 적합성 점검;

3.3.1.2.6 deciding whether play may be suspended in an emergency;
비상사태 발생 시 경기중지여부 결정;

3.3.1.2.7 deciding whether players may leave the playing area during a match;
선수가 경기 도중에 경기 장소를 떠나도 되는지에 대한 결정;

3.3.1.2.8 deciding whether statutory practice periods may be extended;
규정된 연습시간을 늘려도 될 것인지에 대한 결정;

3.3.1.2.9 deciding whether players may wear track suits during a match;
선수들이 경기시 긴 운동복을 입어도 좋은지에 대한 결정;

3.3.1.2.10 deciding any question of interpretation of Laws or Regulations, including the acceptability of clothing, playing equipment and playing conditions; 복장, 장비, 경기조건 등의 수용여부를 포함하여 규칙이나 규정의 해석에 관련된 문제에 대한 결정;

3.3.1.2.11 deciding whether, and where, players may practise during an emergency suspension of play; 경기가 비상 연기될 경우, 선수들이 연습을 해도 되는지 그리고 어디서 할 것인지에 대한 결정;

3.3.1.2.12 taking disciplinary action for misbehaviour or other breaches of regulations. 규정 위반이나 잘못된 행동에 대한 징계 조치 결정.

3.3.1.3 Where, with the agreement of the competition management committee, any of the duties of the referee are delegated to other persons, the specific responsibilities and locations of each of these persons shall be made known to the participants and, where appropriate, to the team captains. 대회 운영 위원회와의 협의를 통해 심판장의 의무 일부가 다른 사람에게 위임된 경우에는 위임된 의무와 피위임자 각각의 위치를 참가자들에게 알리고 필요한

경우에는 팀 지도자에게도 알린다.

3.3.1.4 The referee, or a responsible deputy appointed to exercise authority in his or her absence, shall be present at all times during play.
심판장 또는 그의 대리인(심판장의 부재시)은 경기시 항상 자리를 지켜야 한다.

3.3.1.5 Where the referee is satisfied that it is necessary to do so he or she may replace a match official with another at any time, but he or she may not alter a decision already made by the replaced official on a question of fact within his or her jurisdiction.
바람직하다고 판단되는 경우 심판은 언제라도 경기 임원을 교체할 수 있다. 그러나 교체된 임원이 문제상황에 대하여 이미 내려진 결정을 자신의 권한에 따라 번복할 수는 없다.

3.3.1.6 Players shall be under the jurisdiction of the referee from the time at which they arrive at the playing venue until they leave it.
선수들은 경기장(Playing venue)에 도착한 순간부터 경기장을 떠날 때까지 심판의 관할 하에 있어야 한다.

3.3.2 Umpire, Assistant Umpire and Stroke Counter
심판, 부심판, 스트록 카운터

3.3.2.1 An umpire and an assistant umpire shall be appointed for each match.
각 경기에 대해 한 명의 심판과 한 명의 부심이 임명된다.

3.3.2.2 The umpire shall sit or stand in line with the net and the assistant umpire shall sit directly facing him or her, at the other side of the table.
심판은 네트와 같은 선상에 앉거나 서야 하며 부심은 탁구대 반대편에서 그를 마주하고 앉는다.

3.3.2.3 The umpire shall be responsible for:
심판은 다음의 의무를 갖는다:

3.3.2.3.1 checking the acceptability of equipment and playing conditions and reporting any deficiency to the referee;
장비 및 경기 조건의 수용여부를 점검하고 결함이 있으면 심판장에게 보고;

3.3.2.3.2 taking a ball at random as provided in 3.4.2.1.1-2;

3.4.2.1.1-2조항에 따른 공의 임의 선택.

3.3.2.3.3 conducting the draw for the choice of serving, receiving and ends;
서빙, 리시빙, 엔드의 선택에 대한 추첨 진행;

3.3.2.3.4 deciding whether the requirements of the service law may be relaxed for a player with physical disability;
신체적 장애가 있는 선수를 위해 서비스에 대한 규칙 요건을 완화할 필요가 있는 지에 대한 결정;

3.3.2.3.5 controlling the order of serving, receiving and ends and correcting any errors therein;
서빙, 리시빙, 엔드의 순서 조정과 잘못 시정;

3.3.2.3.6 deciding each rally as a point or a let;
각 랠리에 대해 포인트와 렛을 결정;

3.3.2.3.7 calling the score, in accordance with specified procedure;
정해진 절차에 따라 득점(스코어)을 부름;

3.3.2.3.8 introducing the expedite system at the appropriate time;
적시에 촉진 제도를 시행;

3.3.2.3.9 maintaining the continuity of play;

경기의 지속성 유지;

3.3.2.3.10 taking action for breaches of the advice or behaviour regulations;

조언이나 행동 규정의 위반에 대한 조치;

3.3.2.3.11 drawing by lot which player, pair or team shall change their shirt, should opposing players or teams have a similar shirt and cannot agree which of them will change.

선수들 혹은 팀들이 유사한 셔츠를 입고 있으나 어느 쪽이 셔츠를 갈아입을지 합의를 못할 경우, 추첨으로 결정.

3.3.2.3.12 ensuring that only authorised persons are at the playing area.

오직 허가된 사람만이 경기구역에 있는지 확인.

3.3.2.4 The assistant umpire shall:

부심의 역할은 다음과 같다:

3.3.2.4.1 decide whether or not the ball in play touches the edge of the playing surface at the side of the table nearest him or her;

부심은 자신에게 가장 가까운 탁구대의 옆면에서, 경기 중에 있는 공이 시합 표면의 가장자리(edge)에 닿았는지를 판단한다.

3.3.2.4.2 inform the umpire for breaches of the advice or behaviour regulations.

조언 또는 행위 규정을 어겼을 경우, 심판에게 이 사실을 알린다.

3.3.2.5 Either the umpire or the assistant umpire may:

심판이나 부심의 공동역할은 다음과 같다;

3.3.2.5.1 decide that a player's service action is illegal;

선수의 서비스 액션에 대한 위법여부 결정;

3.3.2.5.2 decide that, in an otherwise correct service, the ball touches the net assembly;

올바른 서비스였을 경우, 서브된 공이 네트 어셈블리에 닿았는지에 대한 결정;

3.3.2.5.3 decide that a player obstructs the ball;

선수가 공을 방해했는지에 대한 여부 결정;

3.3.2.5.4 decide that the conditions of play are disturbed in a way that may affect the outcome of the rally;
랠리의 결과에 영향을 줄 정도로 경기의 조건이 방해를 받았는지에 대한 여부 결정;

3.3.2.5.5 time the duration of the practice period, of play and of intervals.
연습 시간, 경기 시간 및 휴식 시간의 길이 결정.

3.3.2.6 Either the assistant umpire or a separate official may act as stroke counter, to count the strokes of the receiving player or pair when the expedite system is in operation.
촉진제도가 시행되면 부심 또는 별도의 임원이 리시빙을 하는 선수나 조의 리시브 횟수를 매기는 스트록 카운터(stroke counter)의 역할을 수행한다.

3.3.2.7 A decision made by the assistant umpire in accordance with the provisions of 3.3.2.5 may not be overruled by the umpire.
부심이 스트록 카운터가 3.3.2.5조항에 따라 결정한 판단은 심판에 의해 번복되어질 수 없다.

3.3.2.8 Players shall be under the jurisdiction of the

umpire from the time at which they arrive at the playing area until they leave it.

선수들은 경기구역(Playing area)에 도착한 순간부터 경기구역을 떠날 때까지 심판의 관할 하에 있어야 한다.

3.3.3 Appeals 이의 제기

3.3.3.1 No agreement between players, in an individual event, or between team captains, in a team event, can alter a decision on a question of fact by the responsible match official, on a question of interpretation of Laws or Regulations by the responsible referee or on any other question of tournament or match conduct by the responsible management committee.

개인전 경기에서 선수들간의 합의 사항이나 단체전 경기에서 팀주장들간의 합의 사항이 현행 문제에 대해 내린 담당 심판의 결정, 규칙이나 규정의 해석문제에 대해 내린 심판장의 결정, 또는 대회나 대회 운영 문제에 대해 내린 운영위원회의 결정을 변경시킬 수 없다.

3.3.3.2 No appeal may be made to the referee against a decision on a question of fact by the responsible match official or to the management committee on a question of interpretation of Laws or Regulations by the referee.

현행 문제에 대해 심판이 내린 결정에 관해 심판장에게 이의를 제기할 수 없으며, 심판장이 규칙이나 규정의 해석 문제에 대해 내린 결정에 관해 대회 운영위원회에 이의를 제기할 수 없다.

3.3.3.3 An appeal may be made to the referee against a decision of a match official on a question of interpretation of Laws or Regulations, and the decision of the referee shall be final.

규칙이나 규정의 해석 문제에 대한 심판의 결정에 대해선 심판장에게 이의를 제기할 수 있다. 그리고 이에 대한 심판장의 결정은 최종적인 것이 된다.

3.3.3.4 An appeal may be made to the competition management committee against a decision of the referee on a question of tournament or match conduct not covered by the Laws or Regulations, and the decision of the management committee shall be final.

대회 또는 대회의 진행 문제(규칙이나 규정에 명시되

지 않은)에 대한 심판장의 결정에 대해선 대회 운영
위원회에 이의를 제기할 수 있다. 그리고 이에 대한
운영위원회의 결정은 최종적인 것이 된다.

3.3.3.5 In an individual event an appeal may be made
only by a player participating in the match in which
the question has arisen; in a team event an appeal
may be made only by the captain of a team
participating in the match in which the question has
arisen.
개인전에서는 문제가 발생한 경기에 참가한 선수만이
이의를 제기할 수 있으며, 단체전에서는 문제가 발생
한 경기에 참가한 팀의 주장(captain)만이 이의를 제
기할 수 있다.

3.3.3.6 A question of interpretation of Laws or
Regulations arising from the decision of a referee, or a
question of tournament or match conduct arising from
the decision of a competition management committee,
may be submitted by the player or team captain
eligible to make an appeal, through his or her parent
Association, for consideration by the ITTF Rules
Committee.
심판장의 결정에서 발생한 규칙이나 규정의 해석에

관한 문제 또는 대회 운영 위원회의 결정으로 인해 발생한 대회나 대회 진행에 관한 문제는 이의 제기를 할 수 있는 선수 또는 팀의 주장이 소속 협회를 통해 국제연맹 규칙 위원회에 보고하여 심사를 받을 수 있다.

3.3.3.7 The Rules Committee shall give a ruling as a guide for future decisions, and this ruling may also be made the subject of a protest by an Association to the Board of Directors or a General Meeting, but it shall not affect the finality of any decision already made by the responsible referee or management committee.
규칙 위원회는 앞으로의 결정에 지침이 될 수 있는 판단을 내린다. 이 판단에 대해 협회는 이사회(Board of Directors)나 총회(General Meeting)에 항의를 제기할 수 있다. 그러나 해당 심판장이나 운영 위원회가 이미 내린 결정이 최종적이라는 점에는 변함이 없다.

3.4 MATCH CONDUCT 시합의 진행

3.4.1 Score Indication 득점

3.4.1.1 The umpire shall call the score as soon as the ball is out of play at the completion of a rally, or as soon as is practicable thereafter.

심판은 랠리가 끝나고 공이 경기 중에 있지 않을 때 또는 가능한 상황일 때 즉시 스코어를 부른다.

3.4.1.1.1 In calling the score during a game the umpire shall call first the number of points scored by the player or pair due to serve in the next rally of the game and then the number of points scored by the opposing player or pair.

게임이 진행되는 중에 스코어를 부를 경우, 심판은 게임의 다음 랠리에서 서브할 선수 또는 조가 획득한 점수를 먼저 부르고 다음으로 상대편 선수 또는 조의 점수를 부른다.

3.4.1.1.2 At the beginning of a game and when a change of server is due, the umpire shall point to the next server, and may also follow the score call with the next server's name.

게임이 시작될 때 그리고 서버의 교대가 이루어질 때 심판은 '다음 서버'를 지적한 후, '다음 서버'의 이름과 스코어를 부를 수 있다.

3.4.1.1.3 At the end of a game the umpire shall call the number of points scored by the winning player or

pair followed by the number of points scored by the
losing player or pair and may then name the winning
player or pair.

게임이 끝나면 심판은 이긴 선수 또는 조의 이름을 부
를 수 있다. 그리고 나서 획득한 점수를 부르며 이후
에 패한 선수나 조의 획득 점수를 부른다.

3.4.1.2 In addition to calling the score the umpire may
use hand signals to indicate his or her decisions.

심판은 점수를 부르는 것 외에 수신호를 이용하여 자
신의 결정을 표시한다.

3.4.1.2.1 When a point has been scored, he or she
may raise his or her arm nearer to the player or pair
who won the point so that the upper arm is horizontal
and the forearm is vertical with the closed hand
upward.

한 포인트를 획득한 경우, 심판은 포인트를 딴 선수
또는 조가 있는 쪽의 팔을 어깨 높이까지 들어올린다.
이 때 주먹 쥔 손을 위로 하여, 상박(팔꿈치에서 어깨
까지의 사이)은 수평이 되고, 팔뚝은 수직이 되게 한
다.

3.4.1.2.2 When for any reason the rally is a let, he or

she may raise his or her hand above his or her head to show that the rally has ended.

어떤 이유에서든 랠리가 렛이 된 경우, 심판은 머리 위로 손을 들어 랠리가 끝났음을 표시한다.

3.4.1.3 The score and, under the expedite system, the number of strokes shall be called in English or in any other language acceptable to both players or pairs and to the umpire.

스코어를 부르거나 촉진제도하에서 스트록 카운트를 할 때는 영어를 사용 하거나 아니면 선수나 조 그리고 심판이 모두 인정하는 다른 언어를 사용한다.

3.4.1.4 The score shall be displayed on mechanical or electronic indicators so that it is clearly visible to the players and the spectators.

스코어는 기계 표시기 또는 전자 표시기에 나타내서 선수들이나 관중들이 분명히 볼 수 있도록 한다.

3.4.1.5 When a player is formally warned for bad behaviour, a yellow marker shall be placed on or near the score indicator.

선수가 불미스러운 행동으로 인해 공식적인 경고를 받았을 때는 노란색 표식을 점수판이나 그 근처에 두도록 한다.

3.4.2 Equipment 장비

3.4.2.1 Players shall not choose balls in the playing area.
선수들은 경기구역 내에서 공을 고를 수 없다.

3.4.2.1.1 Whatever possible players shall be given the opportunity to choose one or more balls before coming to the playing area and the match shall be played with the ball chosen by the players.
선수들은 경기구역에 들어서기 전, 한 개 또는 그 이상의 공을 고를 수 있는 기회를 가져야 하며, 게임은 선수가 고른 공으로 진행한다.

3.4.2.1.2 If a ball has not been chosen before players come to the playing area, or the players cannot agree on the ball to be used, the match shall be played with a ball taken at random by the umpire from a box of those specified for the competition.
만약, 경기 구역에 들어서기 전에 선수들이 공을 고르지 못했거나 선수가 사용되는 공에 대해서 부정적인 경우에 게임은 심판이 대회에서 지정된 박스에서 임의적으로 공을 뽑아서 진행한다.

3.4.2.1.3 If a ball is damaged during a match, it shall be replaced by another of those chosen before the match or, if such a ball is not available, by one taken at random by the umpire from a box of those specified for the competition.

만약, 시합 도중 공에 문제가 생기게 되면 시합 전에 골라놓은 다른 공들 중의 하나를 대신 사용한다. 그러나 만약 적당한 공이 없을 시에는 시합에 사용되는 것과 같은 종류의 공들이 들어 있는 상자 속에서 심판이 무작위로 하나를 선택하여 시합에 사용한다.

3.4.2.2 The racket covering shall be used as it has been authorised by the ITTF without any physical, chemical or other treatment, changing or modifying playing properties, friction, outlook, colour, structure, surface, etc.; in particular, no additives shall be used.

라켓 커버링은 국제연맹에 의해 승인된 그대로 물리적, 화학적 처리 또는 기타 가공을 하지 않고, 외형, 색상, 구조, 표면 등을 바꾸지 않은 상태에서 사용해야 한다. 특히 첨가물을 사용하면 안된다.

3.4.2.3 A racket shall successfully pass all parameters of the racket control tests.
라켓은 라켓컨트롤 테스트의 모든 요소를 성공적으로 통과해야한다.

3.4.2.4 A racket shall not be replaced during an individual match unless it is accidentally damaged so badly that it cannot be used; if this happens the damaged racket shall be replaced immediately by another which the player has brought with him or her to the playing area or one which is handed to him or her in the playing area.
우연한 상황으로 인해 라켓이 심하게 파손되어 사용할 수 없는 경우를 제외하고, 개인전을 하는 동안엔 라켓을 교체할 수 없다. 만약, 라켓을 교체해야 할 상황이 발생하면 선수가 경기구역에 가지고 들어온 다른 라켓 혹은 경기구역의 선수에게 건네진 라켓으로 즉시 교체한다.

3.4.2.5 Unless otherwise authorised by the umpire, players shall leave their rackets on the table during intervals; but if the racket is strapped to the hand, the umpire shall allow the player to retain his or her racket strapped to the hand during intervals.

심판이 달리 승인하지 않는 한 선수들은 인터벌 동안 라켓을 테이블 위에 놓아두어야 한다; 그러나 라켓이 선수의 손에 감겨져 있다면, 심판은 인터벌 동안에도 이를 허용한다.

3.4.3 Practice 연습

3.4.3.1 Players are entitled to practise on the match table for up to 2 minutes immediately before the start of a match but not during normal intervals; the specified practice period may be extended only with the permission of the referee.

선수들은 경기를 시작하기 직전 최대 2분 동안 시합 할 탁구대에서 연습을 할 수 있다. 그러나 정규휴식 시간 동안에는 연습을 할 수 없다. 그리고 연습 시간 은 심판장의 허가가 있을 경우에만 연장 할 수가 있 다.

3.4.3.2 During an emergency suspension of play the referee may allow players to practise on any table, including the match table.

긴급상황으로 인해 시합이 중지된 경우, 심판장은 선

수들에게 어느 테이블에서든 (시합테이블을포함하여) 연습을 하도록 허락할 수 있다.

3.4.3.3 Players shall be given reasonable opportunity to check and to familiarise themselves with any equipment which they are to use, but this shall not automatically entitle them to more than a few practice rallies before resuming play after the replacement of a damaged ball or racket.

선수들은 자신들이 사용하는 장비를 점검하고 익숙해질 수 있도록 적절한 기회를 제공받게 된다. 그러나 손상된 공이나 라켓을 교체한 후 경기를 재개하기 전에 수회 이상 자동적으로 연습 랠리를 허용하는 것은 아니다.

3.4.4 Intervals 인터벌

3.4.4.1 Play shall be continuous throughout an individual match except that any player is entitled to:

개인 매치가 진행되는 동안, 아래의 경우를 제외하고, 경기는 중단 없이 진행되어야 한다:

3.4.4.1.1 an interval of up to 1 minute between successive games of an individual match;

한 매치 안에서 연속되는 게임과 게임 사이는 최대 1분까지의 인터벌이 허용된다;

3.4.4.1.2 brief intervals for towelling after every 6 points from the start of each game and at the change of ends in the last possible game of an individual match.
게임이 시작되면 매 6점을 얻을 때마다 타월링(땀닦기)을 위해 짧은 인터벌이 허용되며, 매치의 마지막 게임에서 코트를 바꾸는 경우에도 짧은 인터벌이 허용된다.

3.4.4.2 A player or pair may claim one time-out period of up to 1 minute during an individual match.
한 선수나 한 조는 매치가 진행되는 동안 한 번의 타임-아웃(최대 1분까지)을 요청할 수 있다.

3.4.4.2.1 In an individual event the request for a time-out may be made by the player or pair or by the designated adviser; in a team event it may be made by the player or pair or by the team captain.
개인전에서는 선수나 조 또는 지정된 조언자에 의해 타임-아웃이 요청되어질 수 있으며, 단체전에는 선수나 조 또는 팀의 주장에 의해 요청되어질 수 있다.

3.4.4.2.2 If a player or pair and an adviser or captain disagree whether a time-out is to be taken, the final decision shall be made by the player or pair in an individual event and by the captain in a team event.

타임-아웃을 취할 것인 지에 대해 "선수(조)"와 "조언자(리더)"의 의견이 일치 하지 않는다면 최종결정은 다음에 따른다: 개인전-"선수" 또는 "조", 단체전-"리더"

3.4.4.2.3 The request for a time-out, which can be made only between rallies in a game, shall be indicated by making a "T" sign with the hands.

타임-아웃의 요청은 게임 중 랠리와 랠리 사이에만 가능하며 손을 이용해 알파벳 "T"자를 만들어 보인다.

3.4.4.2.4 On receiving a valid request for a time-out the umpire shall suspend play and shall hold up a white card with the hand on the side of the player or pair who requested it; the white card or another appropriate marker shall be placed on the court of that player or pair.

정당한 타임-아웃을 요청 받았을 경우, 심판은 시합을 중단 시키고 타임-아웃을 요청한 선수(조) 쪽의 손을 이용해 흰색 카드를 들어올린다; 흰색 카드 또는 다른 적절한 표시도구를 타임-아웃을 요청한 선수(조) 쪽 코트 위에 올려놓는다.

3.4.4.2.5 The white card or marker shall be removed and play resumed as soon as the player or pair making the request is ready to continue or at the end of 1 minute, whichever is the sooner.
타임-아웃을 요청한 선수나 조가 다시 시합을 할 준비가 되었거나 1분이 경과하거나 둘중에 빠른쪽에 따라, 심판은 흰색 카드 또는 표시도구를 치우고 경기를 속행시킨다.

3.4.4.2.6 If a valid request for a time-out is made simultaneously by or on behalf of both players or pairs, play will resume when both players or pairs are ready or at the end of 1 minute, whichever is the sooner, and neither player or pair shall be entitled to another time-out during that individual match.
양쪽 선수(조)들이 동시에 또는 양쪽 선수(조)들을 대표하여 정당한 타임-아웃이 요청 · 실행되었을 경우, 양쪽 선수(조)들이 시합을 재개할 준비가 되었거나 1분이 경과하거나 둘 중에 빠른 쪽에 따라 시합을 재개하도록 한다. 그리고 해당 선수나 조는 그 개인전에서 다른 타임-아웃을 요청할 자격을 갖지 못한다.

3.4.4.3 There shall be no intervals between successive individual matches of a team match except that a player who is required to play in successive matches may claim an interval of up to 5 minutes between those matches.

단체경기에서 연속적인 개인경기 사이에는 인터벌을 가질 수 없으나 연속적인 경기를 해야하는 선수가 경기 사이에 최대 5분까지 인터벌을 요청 할때는 예외로 한다.

3.4.4.4 The referee may allow a suspension of play, of the shortest practical duration, and in no circumstances more than 10 minutes, if a player is temporarily incapacitated by an accident, provided that in the opinion of the referee the suspension is not likely to be unduly disadvantageous to the opposing player or pair.

선수가 일시적, 우발적으로 경기를 못하게 된 경우, 심판장은 최단 시간에 한하여 경기를 중지시킬 수 있으나 어떤 경우에도 10분을 넘어서는 안 된다. 단, 심판장의 판단에 경기의 중지가 상대 선수나 상대 조에 불이익을 끼치지 않는 상황이어야 한다.

3.4.4.5 A suspension shall not be allowed for a disability which was present or was reasonably to be expected at the beginning of the match, or where it is due to the normal stress of play; disability such as cramp or exhaustion, caused by the player's current state of fitness or by the manner in which play has proceeded, does not justify such an emergency suspension, which may be allowed only for incapacity resulting from an accident, such as injury caused by a fall.

이미 있었거나 경기 초에 충분히 예상이 가능했던 기능장애 또는 통상적인 시합 상의 스트레스에 기인한 기능장애에 대해서는 경기 중지를 허용할 수 없다. 경련이나 피로 등 선수의 경기 적응 상태나 경기의 진행 방식에 기인한 기능장애에 대해서는 경기 중지가 허용되지 않는다. 경기의 중지는 오로지 넘어져서 입은 부상과 같이 사고로 발생한 기능장애에 대해서만 허락할 수 있다.

3.4.4.6 If anyone in the playing area is bleeding, play shall be suspended immediately and shall not resume until that person has received medical treatment and all traces of blood have been removed from the playing area.

만약 누군가가 경기구역 내에서 피를 흘린다면 경기

는 즉시 중단되어야 하며 부상자가 치료를 끝내고 혈흔이 모두 제거될 때까지 경기는 재개되지 못한다.

3.4.4.7 Players shall remain in or near the playing area throughout an individual match, except with the permission of the referee; during intervals between games and time-outs they shall remain within 3 metres of the playing area, under the supervision of the umpire.

선수들은 심판장의 허가가 있을 경우를 제외하고는 개인전이 진행되는 동안 계속 경기구역 내부 또는 가까이에 머물러 있어야 한다. 그리고 게임 사이의 휴식기간과 타임-아웃이 시행되는 동안엔 경기구역으로부터 3m이내에 있으면서 심판의 감독을 받아야 한다.

3.5 DISCIPLINE 질서

3.5.1 Advice 조언

3.5.1.1 In a team event, players may receive advice from anyone authorised to be at the playing area.

단체전 경기에서는 경기구역에 있도록 허가된 누구에게서라도 선수는 조언을 받을 수 있다.

3.5.1.2 In an individual event, a player or pair may receive advice only from one person, designated beforehand to the umpire, except that where the players of a doubles pair are from different Associations each may designate an adviser, but with regard to 3.5.1 and 3.5.2 these two advisors shall be treated as a unit; if an unauthorised person gives advice the umpire shall hold up a red card and send him or her away from the playing area.

개인전 경기에서는 경기를 시작하기 전에 심판에게 지정하여 알린 한 사람에게서만 조언을 받을 수 있다. 단, 복식경기에서 조를 이루고 있는 두 선수가 서로 다른 협회소속일 경우, 각 협회별로 조언자를 지정할 수 있다. 그러나 3.5.1조항과 3.5.2조항에 관련하여 각 협회별로 지정된 두 명의 조언자는 한 사람으로 취급 된다; 만약, 승인되지 않은 사람이 조언을 할 경우 심 판은 레드카드를 들어 보여 그로 하여금 경기구역을 떠나게 한다.

3.5.1.3 Players may receive advice only during the intervals between games or during other authorised suspension of play, and not between the end of practice and the start of a match; if any authorised person gives advice at other times the umpire shall hold up a yellow card to warn him or her that any further such offence will result in his or her dismissal from the playing area (in effect until 30th September 2016).

선수나 조는 게임 사이의 휴식기간 동안과 다른 허가된 경기중지 시에만 조언을 받을 수 있다. 연습이 끝나고 매치가 시작될 때까지의 인터벌에선 조언을 받을 수 없다. 만약, 허가된 조언자가 이 기간 이외의 기간에 조언을 하는 경우, 심판은 옐로우 카드를 들어보여 같은 행동이 반복되면 경기장에서 퇴장당하게 될 것임을 경고한다.(2016년 9월 30일까지 유효)

Players may receive advice at any time except during rallies and between the end of practice and the start of a match; if any authorised person gives advice illegally the umpire shall hold up a yellow card to warn him or her that any further such offence will result in his or her dismissal from the playing area (in effect as of 1st October 2016).

선수나 조는 랠리 중을 제외하고는 언제라도, 또한 연습이 끝나고 매치가 시작될 때까지의 인터벌에서 조언을 받을 수 있다. 만약, 허가된 조언자가 불법으로 조언을 하는 경우, 심판은 옐로우 카드를 들어보여 같은 행동을 반복하면 경기장에서 퇴장 당하게 될 것임을 경고한다.(2016년 10월1일부터 유효)

3.5.1.4 After a warning has been given, if in the same team match or the same match of an individual event anyone again gives advice illegally, the umpire shall hold up a red card and send him or her away from the playing area, whether or not he or she was the person warned.

경고가 주어진 후 같은 단체전 경기나 개인전 경기에서 적법하지 못한 방식으로 조언하는 사람이 있으면 심판은 그가 경고를 받은 사람이 아닐지라도 레드카드를 제시하여 그를 경기구역에서 떠나게 한다.

3.5.1.5 In a team match the dismissed adviser shall not be allowed to return, except when required to play, and he or she shall not be replaced by another adviser until the team match has ended; in an individual event he or she shall not be allowed to return until the individual match has ended.

단체전 경기에서 퇴장된 조언자는 경기에 필요한 경우를 제외하고는 단체전 경기가 끝날 때까지 경기구역으로 돌아올 수 없다. 또한, 다른 조언자로의 교체도 허용하지 않는다; 개인전에서는 개인매치가 끝날 때까지 돌아올 수 없다.

3.5.1.6 If the dismissed adviser refuses to leave, or returns before the end of the match, the umpire shall suspend play and report to the referee.
퇴장이 결정된 조언자가 경기장을 떠나지 않으려 하거나 경기가 끝나기 전에 돌아오면 심판은 경기를 중지시키고 심판장에게 보고한다.

3.5.1.7 These regulations shall apply only to advice on play and shall not prevent a player or captain, as appropriate, from making a legitimate appeal nor hinder a consultation with an interpreter or Association representative on the explanation of a juridical decision.
이러한 규정은 경기에 대한 조언에만 적용하도록 하고 선수나 리더의 적법한 이의 제기를 막아서는 안되며 법적 결정에 대한 설명과 연관하여 해석 전문가나 협회대표와 상의하는 것을 방해해서도 안된다.

3.5.2 **Misbehaviour** 질서문란 행위

3.5.2.1 Players and coaches or other advisers shall refrain from behaviour that may unfairly affect an opponent, offend spectators or bring the sport into disrepute, such as abusive language, deliberately breaking the ball or hitting it out of the playing area, kicking the table or surrounds and disrespect of match officials.

선수들과 코치 또는 이외의 조언자들은 상대방에게 부당한 영향을 주거나 관중들을 불쾌하게 하거나 혹은 탁구에 대한 평판을 해치는 행위들-무례한 언사를 하는 행위, 고의로 볼을 깨트리거나 경기구역 밖으로 쳐내는 행위, 경기임원에게 불손한 행위를 하거나 테이블이나 펜스를 발로 차는 행위-을 삼가 하도록 한다.

3.5.2.2 If at any time a player, a coach or another adviser commits a serious offence the umpire shall suspend play and report immediately to the referee; for less serious offences the umpire may, on the first occasion, hold up a yellow card and warn the offender that any further offence is liable to incur penalties.

만약, 선수나 코치 또는 다른 조언자가 심각한 무례를

범할 경우, 심판은 경기를 중단시키고 즉시 레프리에 게 보고한다. 강도가 좀 덜한 행동일 경우, 심판은 먼 저 옐로우카드를 든 다음 같은 행동을 반복하면 처벌 받게 될 것임을 경고한다.

3.5.2.3 Except as provided in 3.5.2.2 and 3.5.2.5, if a player who has been warned commits a second offence in the same individual match or team match, the umpire shall award 1 point to the offender's opponent and for a further offence he or she shall award 2 points, each time holding up a yellow and a red card together.

3.5.2.2와 3.5.2.5의 규정을 제외하고, 경고를 받은 선 수가 두 번째로 규정을 어기는 행위를 한 경우 심판은 상대방 선수에게 1점을 주며 이후 또다시 규정을 어 기면 2점을 준다. 이때 매번 옐로우 카드와 레드카드 를 함께 치켜든다.

3.5.2.4 If a player against whom 3 penalty points have been awarded in the same individual match or team match continues to misbehave, the umpire shall suspend play and report immediately to the referee.

이미 3포인트의 벌점이 있는 선수가 해당 개인전이나 단체전에서 잘못된 행위를 계속적으로 반복할 경우 심판은 경기를 중지시키고 즉시 심판장에게 보고한다.

3.5.2.5 If a player changes his or her racket during an individual match when it has not been damaged, the umpire shall suspend play and report to the referee.
선수가 개인전 도중 라켓이 파손되지도 않았는데 교체했을 경우, 심판은 경기를 중단시키고 심판장에게 보고한다.

3.5.2.6 A warning or penalty incurred by either player of a doubles pair shall apply to the pair, but not to the non-offending player in a subsequent individual match of the same team match; at the start of a doubles match the pair shall be regarded as having incurred the higher of any warnings or penalties incurred by either player in the same team match.
복식조에서 어느 한 선수에게 주어진 경고나 벌점은 두 선수 모두에게 적용되는 것으로 간주한다. 그러나 과실을 범하지 않은 선수는 그 이후에 이어지는 같은 단체전 내의 개인전에선 경고나 벌점을 받지 않은 것으로 간주 한다. 복식경기를 시작할 때 조는 동일한 단체전에서 각각의 선수가 받은 경고나 벌점에서 더 높은 것을 받는 것으로 간주한다.

3.5.2.7 Except as provided in 3.5.2.2, if a coach or

another adviser who has been warned commits a further offence in the same individual match or team match, the umpire shall hold up a red card and send him or her away from the playing area until the end of the team match or, in an individual event, of the individual match.

3.5.2.2의 규정을 제외하고, 경고를 받은 코치 또는 다른 조언자가 같은 개인전이나 단체전에서 다시 잘못된 행위를 범했을 경우 심판은 레드카드를 들어 코치를 경기장 밖으로 내보낼 수 있으며, 이렇게 퇴장된 코치는 해당 단체전 경기나 개인전 경기가 종료될 때까지 돌아올 수 없다.

3.5.2.8 The referee shall have power to disqualify a player from a match, an event or a competition for seriously unfair or offensive behaviour, whether reported by the umpire or not; as he or she does so he or she shall hold up a red card; for less serious offenses which do not justify disqualification, the referee may decide to report such an offense to a Disciplinary Panel (3.5.2.13).

심한 부당 행위나 위반 행위에 대해서는 심판의 보고 유무에 관계없이 심판장 스스로가 해당 선수의 참가

자격(매치, 종목 경기 또는 전체 경기)을 박탈할 수 있다. 이 때 심판장은 레드카드를 들어야 한다; 자격을 박탈하기(disqualification)에는 적절치 않은 조금 덜 심각한 위반의 경우, 레프리는 이러한 위반을 징계 패널에 보고할지를 결정할 수 있다.(3.5.2.13)

3.5.2.9 If a player is disqualified from 2 matches of a team or individual event he or she shall automatically be disqualified from that team event or individual competition.
한 선수가 단체전 또는 개인전에서 2개의 매치로부터 자격을 상실한 경우, 자동적으로 해당 단체전이나 개인전에 참가할 수 있는 자격을 잃게 된다.

3.5.2.10 The referee may disqualify for the remainder of a competition anyone who has twice been sent away from the playing area during that competition.
심판장은 대회 기간 중 경기장 밖으로 두 번의 퇴장을 당한 사람에게 그 대회의 나머지 시합에 대한 자격을 박탈시킬 수 있다.

3.5.2.11 If a player is disqualified from an event or competition for any reason, he or she shall automatically forfeit any associated title, medal, prize

money or ranking points.
한 선수가 어느 한 이벤트 또는 대회에서 어떠한 이유
에서건 자격을 상실했다면 관련 타이틀과 메달, 상금,
랭킹 포인트를 자동적으로 박탈당하게 된다.

3.5.2.12 Cases of very serious misbehaviour shall be
reported to the offender's Association.
아주 심한 위반행위에 대해서는 해당 선수의 소속협
회에 보고한다.

3.5.2.13 A Disciplinary Panel appointed by the
Executive Committee, consisting of 4 members and a
chair, shall decide on appropriate sanctions for
offences reported by the referee of an event within 14
days of the end of the event. The Disciplinary Panel
shall decide according to directives given by the
Executive Committee.
집행위원회에 의해 임명된 위원장과 4명의 위원들로
구성된 징계 패널은 경기종료후 14일내에 심판이 보
고한 위반행위에 대해 적절한 징계조치를 결정한다.
징계 패널은 집행위원회에 의해 주어진 지침에 의거
하여 결정을 내려야한다.

3.5.2.14 An appeal against the Disciplinary Panel's

decision may be made by the disciplined player, adviser or official within 15 days to the ITTF Executive Committee, whose decision on the matter shall be final.

징계 패널의 결정에 반한 항소는 징계 해당선수, 조언자 또는 임원이 15일 이내 ITTF 집행위원회에 제출할 수 있으며 그 문제에 대한 그 결정은 최종이 된다.

3.5.3 Good Presentation 좋은 인상

3.5.3.1 Players, coaches and officials shall uphold the object of good presentation of the sport and safeguard its integrity by refraining from any attempt to influence the elements of a competition in a manner contrary to sporting ethics:

선수들, 코치들 그리고 임원들은 스포츠의 좋은 인상과 스포츠정신에 반하며 대회에 영향을 주는 어떠한 시도도 삼가는 것을 추구하고자 하는 목적에 동참하여야 한다:

3.5.3.1.1 Players have to do their utmost to win a match and shall not withdraw except for reasons of illness or injury.

선수들은 매치의 승리를 위해 최선을 다해야 하며, 질병이나 부상을 제외하고는 기권을 하지 않아야 한다.

3.5.3.1.2 Players, coaches and officials shall not participate in any form of or support betting or gambling related to their own matches and competitions.

선수나 코치 그리고 관계자(Officials)들은 어떠한 형태로든 그들의 경기 또는 대회에 관련된 베팅이나 갬블링에 관계 해서는 안된다.

3.5.3.2 Any player who deliberately fails to comply with these principles shall be disciplined by total or partial loss of prize money in prize events and/or by suspension from ITTF events.

위의 원칙을 고의적으로 따르지 않는 선수는 상금의 일부 또는 전부를 몰수당하는 징계를 받게 되며(되거나), 국제탁구연맹 대회에 참가가 잠정 유보된다.

3.5.3.3 In the event of complicity proven against any adviser or official the relevant national Association is also expected to discipline this person.

이와 연루된 조언자 또는 임원은 해당 협회에서 징계를 내리도록 한다.

3.5.3.4 A Disciplinary Panel appointed by the Executive Committee, consisting of 4 members and a chair, shall decide on whether an infringement committed and if necessary on appropriate sanctions; this Disciplinary Panel shall decide according to directives given by the Executive Committee.

집행위원회에 의해 지명된 징계 패널은 4명의 멤버와 1명의 의장으로 구성되며, 위반사항의 발생여부를 결정하고, 필요시 적절한 제재를 가한다; 이 위원회는 집행위원회가 제시한 지침을 따른다.

3.5.3.5 An appeal against the Disciplinary Panel's decision may be made by the disciplined player, adviser or official within 15 days to the ITTF Executive Committee whose decision on the matter shall be final.

징계 패널의 결정에 대한 항의(어필)는 징계 받은 선수, 조언자 혹은 임원에 의해 가능하며, 국제연맹 집행위원회의 최종결정이 내려진 뒤 15일 이내에 이뤄져야 한다.

3.6 DRAW FOR KNOCK-OUT COMPETITIONS
녹-아웃 대회를 위한 추첨

3.6.1 Byes and Qualifiers 부전승자와 예선 통과자

3.6.1.1 The number of places in the first round proper of a knockout event shall be a power of 2.
녹-아웃 대회에 적절한 제1라운드 자리수는 2의 배수 이어야 한다.

3.6.1.1.1 If there are fewer entries than places, the first round shall include enough byes to make up the required number.
제1라운드의 자리수가 참가자수보다 많을 경우에는 부족한 자리수를 보충할 수 있을 만큼 충분한 부전승자를 포함시킨다.

3.6.1.1.2 If there are more entries than places, a qualifying competition shall be held such that the number of qualifiers and the number of direct entries together make up the required number.
자리수가 참가자수보다 적을 경우에는 예선 경기를 열어서 예선 통과자수와 직접 통과자수를 합쳐 필요한 자리수만큼 되도록 한다.

3.6.1.2 Byes shall be distributed as evenly as possible throughout the first round, being placed first against seeded places, in seeding order

부전승자는 제1라운드 전체를 통해 최대한 골고루 분포되도록 해야 하며, 부전승자를 시드된 자리에 먼저 배정하되 시드 순서에 따라야 한다

3.6.1.3 Qualifiers shall be drawn as evenly as possible among the halves, quarters, eighths or sixteenths of the draw, as appropriate.

예선 통과자들은 필요에 따라 4등분, 8등분, 16등분 가운데 선택하여 가능한 한 고르게 배치시키도록 한다.

3.6.2 Seeding by Ranking 랭킹에 따른 시딩

3.6.2.1 The highest ranked entries in an event shall be seeded so that they cannot meet before the closing rounds.

최상위권에 속하는 참가자들은 대회 최종 라운드 이전에 대전하는 일이 없도록 시드를 배정해야 한다.

3.6.2.2 The number of entries to be seeded shall not exceed the number of entries in the 1st round proper of the event.

시드를 배정 받는 참가자의 수는 대회 제1라운드에 적절한 참가자의 수를 초과하지 않도록 한다.

3.6.2.3 The entry ranked 1 shall be placed at the top of the first half of the draw and the entry ranked 2 at the bottom of the second half, but all other seeded entries shall be drawn among specified places in the draw, as follows:

참가자중 1위에 랭크된 선수는 대진표의 첫번째 반쪽 제일 상단에 위치시키고, 참가자중 2위에 랭크된 선수는 대진표의 두 번째 반쪽 제일 하단에 위치시킨다. 다른 모든 시드된 참가자들은 추첨을 통해 아래와 같이 위치를 결정한다:

3.6.2.3.1 the entries ranked 3 and 4 shall be drawn between the bottom of the first half of the draw and the top of the second half;

참가자중 3위 및 4위에 랭크된 선수들은 대진표의 첫 번째 반쪽 하단과 두 번째 반쪽 상단에 추첨, 배정한다;

3.6.2.3.2 the entries ranked 5-8 shall be drawn among the bottom places of the odd-numbered quarters of the draw and the top places of the even-numbered quarters;

참가자중 5~8위에 랭크된 선수들은 대진표를 4등분 했을 때, 홀수번호의 하단과 짝수번호의 상단에 추첨, 배정한다;

3.6.2.3.3 the entries ranked 9-16 shall be drawn among the bottom places of the odd-numbered eighths of the draw and the top places of the even-numbered eighths;

참가자중 9~16위에 랭크된 선수들은 대진표를 8등분 했을 때, 홀수번호의 하단과 짝수번호의 상단에 추첨, 배정한다;

3.6.2.3.4 the entries ranked 17-32 shall be drawn among the bottom places of the odd-numbered sixteenths of the draw and the top places of the even-numbered sixteenths.

참가자중 17~32위에 랭크된 선수들은 대진표를 16등분 했을 때, 홀수번호의 하단과 짝수번호의 상단에 추첨, 배치한다.

3.6.2.4 In a team knockout event only the highest ranked team from an Association shall be eligible for seeding by ranking.

단체전 녹아웃 대회에서는 협회에서 가장 높은 랭킹
의 팀만이 랭킹에 의한 시드를 받을 자격이 있다.

3.6.2.5 Seeding by ranking shall follow the order of
the latest ranking list published by the ITTF except
that:

랭킹을 통한 시딩은 국제연맹이 발표한 가장 최근의
리스트를 따른다. 단, 아래의 경우는 제외된다:

3.6.2.5.1 where all the entries eligible for seeding are
from Associations belonging to the same Continental
Federation the latest list published by that Federation
shall take precedence;

시딩을 받을 자격이 있는 참가자들이 모두 같은 대륙
연맹의 협회 소속인 경우에는 해당 연맹에서 발표한
가장 최근의 리스트를 우선적으로 적용한다;

3.6.2.5.2 where all the entries eligible for seeding are
from the same Association the latest list published by
that Association shall take precedence.

시딩을 받을 자격이 있는 참가자들이 모두 같은 협회
의 소속일 경우에는 해당 협회에서 발표한 가장 최근
의 리스트를 우선적으로 적용한다.

3.6.3 Seeding by Association Nomination
협회 지명에의한 시딩

3.6.3.1 Nominated players and pairs of the same Association shall, as far as possible, be separated so that they cannot meet before the closing rounds of an event.
같은 협회에 소속된 지명 선수와 조는 가능한 한 최대로 분리하여 대회 최종 라운드 이전에 대전하는 일이 없도록 시드를 배정한다.

3.6.3.2 Associations shall list their nominated players and pairs in descending order of playing strength, starting with any players included in the ranking list used for seeding, in the order of that list.
협회는 소속 선수 및 조를 실력이 우수한 사람부터 순서대로 리스트에 올리며, 시딩에 사용되는 랭킹리스트에 올라있는 선수는 누구나 먼저 리스트에 올릴 수 있다.

3.6.3.3 The entries ranked 1 and 2 shall be drawn into different halves and those ranked 3 and 4 into quarters other than those occupied by the first two.

참가자중 랭킹 1위와 2위의 선수는 다른 군으로 분류해야 하며 3위와 4위는 1위와 2위 두 명이 점한 위치와 다른 위치(4등분 했을 때 각자 다른 위치)에 있도록 시드를 배정해야 한다.

3.6.3.4 The entries ranked 5-8 shall be drawn as evenly as possible into eighths other than those occupied by the first four.
참가자중 5~8위에 랭크된 선수들은 최대한 골고루 대진표에 분포시키고 대진표를 8등분 했을 때 위 1~4위 선수들과 다른 위치에 있도록 해야 한다.

3.6.3.5 The entries ranked 9-16 shall be drawn as evenly as possible into sixteenths other than those occupied by higher ranked players or pairs and so on, until all the entries have been allocated.
참가자중 9~16위에 랭크된 선수들은 최대한 골고루 대진표에 분포시키고, 이미 시드를 배정받은 상위 랭킹 선수들과 위치가 중복되지 않도록 한다. 이런 식으로 모든 참가자의 대진표 위치를 정한다.

3.6.3.6 A men's or women's doubles pair consisting of players from different Associations shall be considered a pair of the Association of the player ranked higher in the World Ranking List, or, if neither player is in this list, in the appropriate Continental Ranking List; if neither player is included in a World or Continental Ranking List, the pair shall be considered a member of the Association whose team is ranked higher in the appropriate World Team Ranking List.

소속 협회가 다른 선수들로 이루어진 남자 복식 또는 여자 복식의 경우에는 세계 랭킹 리스트(이리스트에 두 선수 중 누구도 올라가 있지 않은 경우에는 적절한 대륙 랭킹 리스트를 사용한다)에서 보다 상위로 랭크 된 선수의 협회에 소속된 것으로 간주한다. 만약, 두 선수 모두 세계 또는 대륙 랭킹 리스트에 올라있지 않 다면 그 조는 적절한 세계 팀 랭킹리스트에서 보다 상 위에 랭크된 팀을 가진 협회의 멤버로 간주한다.

3.6.3.7 A mixed doubles pair consisting of players from different Associations shall be considered a pair of the Association to which the man belongs.

소속 협회가 다른 선수들로 구성된 혼합 복식조는 남 자가 속한 협회의 조로 간주.

3.6.3.8 Alternatively, any doubles pair consisting of players from different Associations may be considered a pair of both of these Associations.

양자택일로, 소속 협회가 다른 선수들로 구성된 복식 조는 양 협회 모두의 조로 간주될 수 있다.

3.6.3.9 In a qualifying competition, entries from the same Association, up to the number of qualifying groups, shall be drawn into separate groups in such a way that qualifiers are, as far as possible, separated in accordance with the principles of 3.6.3.3-5.

예선 대회의 경우, 같은 협회 소속의 참가자들은 예선 통과자들이 3.6.3.3~5조항 의 원칙에 따라 가능한 한 멀리 떨어져 배치되는 방식과 같이 별개의 그룹으로 추첨, 배정한다.

3.6.4 Alterations 변경

3.6.4.1 A completed draw may be altered only with the permission of the responsible management committee and, where appropriate, the agreement of the representatives of Associations directly concerned.

완성된 대진표는 담당 운영 위원회의 허가 하에서만 변경할 수 있으며 필요하면 직접적으로 연관이 있는 협회 대표자들이 합의를 하여야 한다.

3.6.4.2 The draw may be altered only to correct errors

and genuine misunderstandings in the notification and acceptance of entry, to correct serious imbalance, as provided in 3.6.5, or to include additional players or pairs, as provided in 3.6.6.

대진표는 참가 통지와 참가 수락상의 잘못이나 오해를 바로잡거나 3.6.5의 규정에 따라 심각한 불균형을 바로잡거나 또는 3.6.6의 규정에 따라 선수나 조를 추가할 경우에만 변경할 수 있다.

3.6.4.3 No alterations other than necessary deletions shall be made to the draw of an event after it has started; for the purpose of this regulation a qualifying competition may be regarded as a separate event.

대회 시작 후에는 필요한 삭제 이외에는 대진표를 변경할 수 없다. 이 규정의 효과를 위해 예선 대회는 별도의 대회로 간주할 수 있다.

3.6.4.4 A player shall not be deleted from the draw without his or her permission, unless he or she is disqualified; such permission must be given either by the player if he or she is present or, if he or she is absent, by his or her authorised representative.

자격을 상실한 경우를 제외하고는 선수의 허가 없이 대진표에서 선수를 제외해서는 안 된다. 제외 허가는

선수가 참석한 경우에는 선수 자신이, 선수 부재시에
는 선수가 위임한 대표자가 한다.

3.6.4.5 A doubles pair shall not be altered if both
players are present and fit to play, but injury, illness or
absence of one player may be accepted as justification
for an alteration.
복식조는 양선수가 참석하고 있고 경기를 할 수 있는
상황인 경우에는 변경할 수 없다. 단, 한 선수의 부상,
질병 또는 불참은 변경의 합당한 사유가 될 수 있다.

3.6.5 Re-draw 재추첨

3.6.5.1 Except as provided in 3.6.4.2, 3.6.4.5 and
3.6.5.2, a player shall not be moved from one place in
the draw to another and if for any reason the draw
becomes seriously unbalanced the event shall,
wherever possible, be completely re-drawn.
3.6.4.2, 3.6.4.5, 3.6.5.2 규정에 명시된 경우를 제외하
고 선수는 대진표에 정해진 위치를 바꿀 수 없다. 어
떤 이유로든 대진표의 불균형이 심각한 경우에는 전
면적으로 재추첨을 실시한다.

3.6.5.2 Exceptionally, where the imbalance is due to

the absence of several seeded players or pairs from the same section of the draw, the remaining seeded players or pairs only may be re-numbered in ranking order and re-drawn to the extent possible among the seeded places, taking account as far as is practicable of the requirements for seeding by Association nomination.

예외적으로, 대진표상 같은 섹션에 시드된 선수나 조가 일부 빠져 나감으로 해서 불균형이 발생한 경우에는 랭킹 순서와 재추첨에 따라 나머지 시드된 선수나 조에게 새로운 번호를 부여하여 가능한 한 최대로 시드된 위치에 배치시킨다. 이때는 협회 지명에 의한 시딩 요건을 최대한 반영한다.

3.6.6 Additions 추가

3.6.6.1 Players not included in the original draw may be added later, at the discretion of the responsible management committee and with the agreement of the referee.

첫 대진표에 들어가지 못한 선수들은 담당 운영 위원회의 판단과 심판장의 동의에 의해 후에 추가 될 수 있다.

3.6.6.2 Any vacancies in seeded places shall first be filled, in ranking order, by drawing into them the strongest new players or pairs; any further players or pairs shall be drawn into vacancies due to absence or disqualification and then into byes other than those against seeded players or pairs.

시드된 위치에 공석이 발생하면 랭킹 순위에서 가장 강력한 새로운 선수들(또는 조들)을 뽑아 우선 적으로 충원한다; 불참이나 자격상실로 인해 발생한 공석에는 또 다른 선수들(또는 조들)을 배치시키고, 그 다음에는 시드된 선수들(또는 조들) 과 대전하는 경우를 제외하고 부전승자를 배치시킨다.

3.6.6.3 Any players or pairs who would have been seeded by ranking if they had been included in the original draw may be drawn only into vacancies in seeded places.

첫 번째 대진표에 포함되어 있었다면 랭킹에 따라 시드를 배정 받을 수 있었던 선수나 조는 시드된 자리의 공석에만 추첨, 배치시킨다.

3.7 ORGANISATION OF COMPETITIONS
대회 조직

3.7.1 Authority 권한

3.7.1.1 Provided the Constitution is observed, any Association may organise or authorise open, restricted or invitation tournaments within its territory or may arrange international matches.
헌장을 준수한다는 조건 하에 모든 협회는 자국내에서 오픈, 제한, 초청 대회를 주최·인가하거나 국제경기를 주관할 수 있다.

3.7.1.2 Players from affiliated ITTF member Associations, when competing internationally, can only participate in ITTF events, ITTF approved events and ITTF registered events entered through their national Association, as well as in ITTF recognised events entered through their National Olympic Committee or National Paralympic Committee respectively. Participation in any other type of event can only be allowed with the express written permission of the national Association of the player or the ITTF; permission to players will be considered given unless a specific or general notification is made by the national Association of the player or the ITTF withholding the permission to participate in an event or series of events.

국제탁구연맹 회원국 협회의 선수들은 소속 협회를 통해 국제연맹 대회(승인대회 및 등록대회 포함)에 참가할 수 있으며, 소속 국가의 올림픽 위원회 또는 패럴림픽위원회를 통해 국제연맹 인정대회에 참가할 수 있다. 이외 기타 대회의 참가는 소속 협회나 국제연맹의 허가서를 통해 허용된다; 만일, 특정한 혹은 일반적인 통지가 해당 선수의 소속 협회로부터 이루어지지 않았다면 해당 선수의 허가는 검토될 것이며, 국제연맹은 이 선수의 대회 참가 허가를 보류할 수 있다.

3.7.1.3 A player or team may not take part in an international competition if he or she or it is suspended by his or her or its Association or Continental Federation.

소속협회 또는 대륙연맹에 의해 출전이 보류된 선수나 팀은 국제대회에 참가할 수 없다.

3.7.1.4 No event may use a World title without the permission of the ITTF, or a Continental title without the permission of the appropriate Continental Federation.

국제연맹의 허가 없이는 어떤 대회도 세계 선수권이라는 말을 사용할 수 없으며 해당 대륙 연맹의 허가 없이는 대륙 선수권이라는 말을 사용할 수 없다.

3.7.2 Representation 대표성

3.7.2.1 Representatives of all Associations whose players are taking part in an Open International Championships event shall be entitled to attend the draw and shall be consulted on any alterations to the draw or any decisions of appeal that may directly affect their players.

국제 오픈 선수권 대회에 선수를 참가시킨 모든 협회의 대표들은 대진표 작성에 참가할 권한이 있으며, 자기 협회 소속 선수들에게 직접적인 영향을 미칠 수 있는 대진표의 변경이나 이의 결정에 대해 협의할 수 있다.

3.7.3 Entries 엔트리

3.7.3.1 Entry forms for Open International Championships shall be sent to all Associations not later than 2 calendar months before the start of the competition and not later than 1 calendar month before the date for the close of entries.

국제 오픈 선수권 대회의 참가 신청서는 적어도 대회가 시작되기 2개월 전, 참가 신청 마감일 1개월 전에 모든 협회로 보내져야 한다.

3.7.3.2 All entries nominated by Associations for open tournaments shall be accepted but the organisers shall have power to allocate entries to a qualifying competition; in deciding this allocation they shall take account of the relevant ITTF and Continental ranking lists and of any ranking order of entries specified by the nominating Association.

주최측은 오픈 대회 참가를 위해 협회들이 지정한 선수들을 모두 받아 들여야 한다. 그러나 예선 대회에 참가자들을 배분할 권한을 갖는다. 이 배분에 있어 주최측은 국제 연맹 및 대륙의 관련 랭킹리스트와 지정 협회가 작성한 참가자 랭킹 순서를 반영한다.

3.7.4 Events 대회

3.7.4.1 Open International Championships shall

include men's singles, women's singles, men's doubles and women's doubles and may include mixed doubles and international team events for teams representing Associations.

국제 오픈 선수권 대회에는 남자 단식, 여자 단식, 남자 복식, 여자 복식이 있으며 혼합 복식과 협회 대표 팀간의 팀 대회를 포함시킬 수 있다.

3.7.4.2 In world title competitions, players in youth, junior and cadet events must be under 21, under 18 and under 15 respectively on 31st December immediately before the calendar year in which the competition takes place; these age limits are recommended for corresponding events in other competitions.

세계대회에서 유스(Youth), 주니어(Junior), 카뎃 (Cadet) 이벤트에 해당되는 나이 제한은 대회가 시행되는 해의 바로 전 12월 31일을 기준으로 하여 각각 21세 이하, 18세 이하, 15세 이하이어야 하며, 이러한 나이제한은 다른 대회의 해당 이벤트에도 추천된다.

3.7.4.3 It is recommended that team matches at Open International Championships be played according to one of the systems specified in 3.7.6; the entry form or

prospectus shall show which system has been chosen.
국제 오픈 선수권 대회에서의 팀 경기는 3.7.7. 조항에
명시된 시스템 중 하나에 따라 진행할 것이 권장된다;
참가 신청서와 계획표에 어떤 시스템을 사용할 것인
지를 나타내야 한다.

3.7.4.4 Individual events proper shall be played on a
knockout basis, but team events and qualifying
rounds of individual events may be played on either a
knockout or a group basis.
개인 경기는 녹아웃 방식으로 진행한다. 그러나 단체
경기와 개인 경기의 예선전은 녹아웃 방식과 그룹 방
식 중에서 선택한다.

3.7.5 Group Competitions 그룹 매치

3.7.5.1 In a group, or "round robin", competition, all
members of the group shall compete against each
other and shall gain 2 match points for a win, 1 for a
loss in a played match and 0 for a loss in an unplayed
or unfinished match; the ranking order shall be
determined primarily by the number of match points
gained. If a player is defaulted after the completion of

a match for any reason, he or she shall be deemed to have lost the match, which shall subsequently be recorded as a loss in an unplayed match.

그룹 또는 "라운드 로빈" 대회에서 그룹의 각 멤버들은 다른 모든 멤버와 경기를 치른다. 선수는 경기에서 승리할 때마다 2점의 매치 포인트를 얻고 졌을 때는 1점을 얻는다. 그리고 경기 없이 또는 끝내지 못한 경기에서 졌을 때는 0점의 포인트를 얻는다. 랭킹 순위는 우선 획득한 매치 포인트 점수에 의해 결정한다. 만약 한 선수가 매치가 끝난 이후에 어떤 이유로 실격패를 당한다면 해당 매치는 패한 것으로 간주되며, 차후에는 기권패(끝내지 못한 경기)로 기록된다.

3.7.5.2 If two or more members of the group have gained the same number of match points their relative positions shall be determined only by the results of the matches between them, by considering successively the numbers of match points, the ratios of wins to losses first in individual matches (for a team event), games and points, as far as is necessary to resolve the order.

그룹내 두 명 이상의 멤버들이 동일한 매치 포인트를 얻은 경우에는 그 멤버들간의 시합 결과로 상대적인 위치를 정한다. 최종 순위는 매치포인트에 이어 개인별 매치(단체전), 게임, 포인트의 득실률을 순차적으로 적용한다.

3.7.5.3 If at any step in the calculations the positions of one or more members of the group have been determined while the others are still equal, the results of matches in which those members took part shall be excluded from any further calculations needed to resolve the equalities in accordance with the procedure of 3.7.5.1 and 3.7.5.2.

계산 과정에서 다른 멤버들은 동점인 상태에서 1명 이상의 멤버에게 자리가 정해진 경우, 이들 멤버가 참가한 매치의 결과는 3.7.5.1과 3.7.5.2조항의 절차에 따른 계산에서 제외시킨다.

3.7.5.4 If it is not possible to resolve equalities by means of the procedure specified in 3.7.5.1-3 the relative positions shall be decided by lot.

3.6.5.1~3조항에 명시된 절차를 이용하여 순위를 매기는 것이 불가능한 경우에는 추첨으로 순위를 결정한다.

3.7.5.5 Unless otherwise authorised by the Jury, if 1 player or team is to qualify the final match in the group shall be between the players or teams numbered 1 and 2, if 2 are to qualify the final match shall be between the players or teams numbered 2 and 3 and so on.

이외에 심사 위원회에 의해 위임되는 것과는 달리, 만약 1명의 선수 또는 팀만이 자격을 얻기로 되어 있다면 그룹의 최종적인 매치는 1번과 2번의 번호가 매겨진 선수(팀)들 사이에 있게 된다. 그리고 만약 2가 자격을 얻기로 되어 있다면 최종 적인 매치는 2번과 3번 그리고 기타 등등의 번호가 매겨진 선수(팀)들 사이에 있게 된다.

3.7.6 Team Match Systems 단체전 형식

3.7.6.1 Best of 5 matches (New Swaythling Cup system, 5 singles)
5전 3선승제(New Swaythling Cup system / 5단식)

3.7.6.1.1 A team shall consist of 3 players.
팀은 3명의 선수로 구성한다.

3.7.6.1.2 The order of play shall be
1) A v X
2) B v Y

3) C v Z
4) A v Y
5) B v X
경기 순서는 A 대 X, B 대 Y, C 대 Z, A 대 Y, B 대 X로 한다.

3.7.6.2 Best of 5 matches (Corbillon Cup system, 4 singles and 1 doubles)
5전 3선승제(Corbillon Cup system / 4단식 1복식)

3.7.6.2.1 A team shall consist of 2, 3 or 4 players.
팀은 2, 3, 4명의 선수로 구성한다.

3.7.6.2.2 The order of play shall be
1) A v X
2) B v Y
3) doubles
4) A v Y
5) B v X
3.7.6.2.2 경기 순서는 A 대 X, B 대 Y, 복식, A 대 Y, B 대 X로 한다.

3.7.6.2.3 In Para TT events, the order of play may be as in 3.7.6.2.2 except that the doubles match may be played last.

장애인탁구대회에서 경기의 순서는 3.7.6.2.2에 따르나 복식경기는 마지막에 할수있다.

3.7.6.3 Best of 5 matches (Olympic system, 4 singles and 1 doubles).
5전 3선승제(올림픽 방식, 4단식 1복식)

3.7.6.3.1 A team shall consist of 3 players; each player shall compete in a maximum of 2 individual matches
팀은 3명의 선수로 구성한다; 각 선수는 최대 2번의 개인전 매치를 가진다.

3.7.6.3.2 The order of play shall be
1) A v X
2) B v Y
3) doubles C & A or B v Z & X or Y
4) B or A v Z
5) C v Y or X
경기순서는 아래와 같다.
1) A-X
2) B-Y
3) 복식 C+A vs Z+X 또는 C+B vs Z+Y
4) B 또는 A vs Z
5) C vs Y 또는 X

3.7.6.4 Best of 7 matches (6 singles and 1 doubles)
3.7.6.4 7전 4선승제(6단식 1복식)

3.7.6.4.1 A team shall consist of 3, 4 or 5 players.
3.7.6.4.1 팀은 3, 4, 5명의 선수로 구성한다.

3.7.6.4.2 The order of play shall be
1) A v Y
2) B v X
3) C v Z
4) doubles
5) A v X
6) C v Y
7) B v Z
경기 순서는 A 대 Y, B 대 X, C 대 Z, 복식, A 대 X, C 대 Y, B 대 Z로 한다.

3.7.6.5 Best of 9 matches (9 singles)
9전 5선승제(9단식)

3.7.6.5.1 A team shall consist of 3 players.
팀은 3명의 선수로 구성한다.

3.7.6.5.2 The order of play shall be
1) A v X
2) B v Y

3) C v Z

4) B v X

5) A v Z

6) C v Y

7) B v Z

8) C v X

9) A v Y

경기 순서는 A 대 X, B 대 Y, C 대 Z, B 대 X, A 대 Z, C 대 Y, B 대 Z, C 대 X,A 대 Y로 한다.

3.7.7 Team Match Procedure 단체전 절차

3.7.7.1 All players shall be selected from those nominated for the event.
선수들은 모두 대회에 지명된 선수들 중에서 선발한다.

3.7.7.2 The name of the team captain, playing or non-playing, shall be designated beforehand to the umpire.
팀 주장(Playing 또는 Non-playing)의 이름을 사전에 심판에 알려야 한다.

3.7.7.3 Before a team match the right to choose A, B, C or X, Y, Z shall be decided by lot and the captains

shall name their teams to the referee or his or her representative, assigning a letter to each singles player.
팀 매치 이전에 A, B, C 또는 X, Y, Z를 선택할 권리를 추첨으로 결정하며 팀주장들은 각 단식 선수들에게 문자를 하나씩 정해주고 자신의 팀명을 심판장 또는 대표자에게 보고한다.

3.7.7.4 The pairs for a doubles match need not be nominated until the end of the immediately preceding singles match.
복식 매치를 할 조는 직전의 단식 매치가 끝날 때까지 지정할 필요가 없다.

3.7.7.5 A team match shall end when one team has won a majority of the possible individual matches.
팀 매치는 한쪽 팀이 개인 매치의 과반수를 승리했을 때 끝이 난다.

3.7.8 Results 결과

3.7.8.1 As soon as possible after the end of a competition and not later than 7 days thereafter the organising Association shall send to the ITTF Secretariat and to the Secretary of the appropriate

Continental Federation details of the results, including points scores, of international matches, of all rounds of Continental and Open International Championships and of the closing rounds of national championships.

경기 종료 후 가능한 한 조속히 그리고 경기 종료 후 7 일이 지나기 전에 주최 협회는 담당 대륙 연맹 및 국제연맹 사무국에게 국제 매치, 대륙간 및 국제 오픈 선수권 대회의 전 라운드, 그리고 국내 선수권 대회의 최종 라운드에서의 득점 상황을 포함한 자세한 결과를 보내야 한다.

3.7.9 Television and Streaming
텔레비전 및 데이터 전송

3.7.9.1 An event other than World, Continental, Olympic or Paralympic title competitions may be broadcast by television only with the permission of the Association from whose territory the broadcast is made.

세계, 대륙간 선수권 대회 또는 올림픽 또는 패럴림픽 대회 이외의 대회는 방송을 하는 국가의 협회가 내주는 허가만으로 텔레비전 방송을 할 수 있다.

3.7.9.2 Participation in an international event presumes the consent of the Association controlling the visiting players to the televising of that event; in World, Continental, Olympic or Paralympic title competitions such consent is presumed for the showing anywhere of live or recorded television during the period of the event and within 1 calendar month afterwards.

국제 대회에 참가하는 것은 주최 협회가 해당 대회를 방송하는 것에 대해 동의하는 것으로 간주한다; 세계, 대륙간, 올림픽 또는 패럴림픽대회에서의 이러한 동의는 대회 기간동안 그리고 대회 후 한달 동안 생방송 또는 녹화방송으로 어디든 방송하는데 대한 동의로 간주한다.

3.7.9.3 All streaming of ITTF events (all categories) shall be subject to compliance with the ITTF streaming certification process and a Streaming Certification Fee (SCF) shall be charged to the rights holder of the event.

국제탁구연맹(ITTF) 대회(모든 목록)의 모든 데이터 전송은 국제탁구연맹(ITTF) 데이터전송 인증과정을 준수해야하며 데이터전송요금(SCF)은 대회(2011년 6월1일 이후)의 권리를 가진 쪽에 부과될 것이다 .

3.8 INTERNATIONAL ELIGIBILITY
국제대회 참가자격

3.8.1 Eligibility in Olympic title competitions is regulated separately by 4.5.1 and eligibility in Paralympic title competitions is regulated separately by the IPC and 4.6.1; additional eligibility regulations apply to World title events (4.1.3, 4.2.3, 4.3.6, 4.4.3).

올림픽 대회의 참가자격은 별도의 규정(4.5.1)으로 다루며 패럴림픽대회 참가자격은 IPC와 규정집 4.6.1의 규정에 의해 다룬다. 추가 자격규정들 (4.1.3, 4.2.3, 4.3.6, 4.4.3)이 세계선수권대회에 적용된다.

3.8.2 A player shall be regarded as representing an Association if he or she accepted to be nominated by this Association and subsequently participates in a competition listed in 3.1.2.3 or in regional championships other than individual events at Open International Championships.

어느 한 협회에 의해 지명을 받고 이를 수락하고 지속적으로 오픈국제선수권대회의 개인전 외에 지역 선수권대회 또는 3.1.2.3에 열거된 대회에 참여를 한 경우 해당 선수는 그 협회를 대표할 수 있는 자격을 가진다.

3.8.3 A player is eligible to represent an Association only if he or she is a national of the country in which that Association has jurisdiction, except that a player who has already represented an Association of which he or she was not a national in accordance with previous rules may retain that eligibility.

선수는 어느 한 협회의 관할에 있는 국가의 국민일 경우에만 그 협회를 대표할 수 있다. 그러나 이전의 규정에 의거하여 해당 국가의 국민이 아니면서 이미 합법적으로 한 협회를 대표한 선수일 경우에는 지난 규정을 적용하여 그 자격을 유지해준다.

3.8.3.1 Where the players of more than one Association have the same nationality, a player may represent one of these Associations only, if he or she is born in or has his or her main residence in the territory controlled by that Association.

같은 국적이면서 하나 이상의 협회가 있는 곳에 있는 선수들은 여러 협회들 중에서 본인이 태어난 지역 혹은 주거지 관할지역내에 해당되는 협회를 대표할 수 있다.

3.8.3.2 A player who is eligible to represent more than 1 Association shall have the right to choose which of the relevant Associations he or she will represent.

하나 이상의 협회를 대표할 수 있는 자격이 있는 선수는 관련 협회들 중에서 본인이 대표할 협회를 선택할 수 있는 권리를 가진다.

3.8.4 A player is eligible to represent a Continental Federation (1.18.1) in an event of continental teams only if he or she is eligible to represent a member Association of this Continental Federation according to 3.8.3.

대륙별 단체전인 경우, 한 선수는 대륙연맹(1.18.1)을 대표하게 된다. 단, 3.8.3규정에 따라 해당 대륙연맹의 회원 협회를 대표하는 자격을 가진 경우에 한한다.

3.8.5 A player shall not represent different Associations within a period of 3 years.

선수는 3년이 경과하기 전에 다른 협회를 대표할 수 없다.

3.8.6 An Association may nominate a player under its jurisdiction (1.21) to enter any individual events of Open International Championships; such nomination may be indicated in results lists and ITTF publications but does not affect the eligibility of this player according to 3.8.2.

한 협회는 해당 관할구역 내에 있는 선수를 각종 오픈 대회(Open International Championships)에 참가하도록 지명할 수 있다. 이러한 지명은 결과표와 ITTF 출간물에 나타내야 한다. 그러나 이것이 3.8.2조항에 따른, 지명협회를 대표하기 위한 선수의 자격(적격성)에 귀결되는 것은 아니다.

3.8.7 A player or his or her Association shall, if so requested by the referee, provide documentary evidence of his or her eligibility and his or her passport.

심판장의 요청이 있을 경우, 해당 선수나 그 선수의 소속협회는 자격에 관한 증빙서류와 선수의 여권을 제출해야 한다.

3.8.8 Any appeal on a question of eligibility shall be referred to an Eligibility Commission, consisting of the Executive Committee, the chair of the Rules Committee and the chair of the Athletes' Commission, whose decision shall be final.

자격 문제에 관한 모든 이의는 최종 결정권을 가지고 있는 자격 위원회-집행위원회와 랭킹 위원회의 의장 그리고 선수위원회의 의장으로 구성-에 제기하도록 한다.

훈련일지

일 시 :	장 소 :
훈련목표 :	건강상태 :
1part : [파트너]	훈련내용 :
2part : [파트너]	훈련내용 :
3part : [파트너]	훈련내용 :
4part : [파트너]	훈련내용 :

정신면 :	

system [주특기 or 오늘 연습한 시스템]

	[설명]

사자성어

영어단어

건의사항

선생님 댓글

MEMO

MEMO

MEMO